Üben!

Susanne Breit-Keßler (Hrsg.)

Üben!

Sieben Wochen ohne Stillstand

DER BEGLEITER DURCH DIE FASTENZEIT

edition chrismon

Bibliografische Information der Deutschen Nationalbibliothek: Die Deutsche Nationalbibliothek ver-
zeichnet diese Publikation in der Deutschen National-
bibliografie; detaillierte bibliografische Daten
sind im Internet über http://dnb.d-nb.de abrufbar.

© 2021 by edition chrismon in der Evangelischen
Verlagsanstalt GmbH, Leipzig
Printed in Germany

Das Buch wurde auf alterungsbeständigem Papier
gedruckt.

Fotos: Cover: Imgorthand/Getty Images
Woche 1: Alexa Vachon, 2: Sebastian Wells,
3: Melina Mörsdorf, 4: Thomas Victor,
5: Meike Kenn, 6: Marzena Kubatz,
7: Julia Sellmann
Cover: Ellina Hartlaub, Frankfurt
Satz: Formenorm, Friederike Arndt, Leipzig
Druck und Bindung: BELTZ Grafische Betriebe
GmbH, Bad Langensalza

ISBN 978-3-96038-293-5
eISBN (PDF) 978-3-96038-294-2
eISBN (E-Pub) 978-3-96038-295-9
www.eva-leipzig.de

Inhalt

Vorwort

Susanne Breit-Keßler

Weil grad Zeit ist: Üben!

In den Achtzigerjahren blödelte sich die österreichi-sche Popband „Erste Allgemeine Verunsicherung (EAV)" durch die Charts. Ich gehörte und gehöre zu ihren Fans, denn ich liebe geistreichen Nonsens. Manchmal auch den, der einfach nur zweckfrei zum Lachen bringt. In einem ihrer Songs, dessen Text Mit-glieder der EAV schon in der Schulzeit geschrieben hatten, gibt es eine hinreißend alberne Sequenz. Die Band tönt: „Und jetzt, weil grad Zeit is': Ein Gitarren-solo!" Das Solo erfolgt, klingt überaus mäßig, und die Sänger reklamieren: „Ja, ja, üben!"

Manchmal macht es Spaß, etwas Unbekanntes aus-zuprobieren, zu merken, dass man es (noch) über-haupt nicht kann, und sich dann fidel allein oder mit anderen ans Werk zu machen. Leichten Sinnes und mit Lust an der Sache. Aber Üben ist nicht immer eine heitere Angelegenheit. Ein Instrument wirklich erlernen, das Tanzen, Schauspielern, Singen, Malen –

das sind hohe Anforderungen. Genauso wie das Studium einer fremden Sprache oder eine anstrengende Sportart zu trainieren.

Und dann die Zeiten, in denen das Leben besonders schwerfällt. Man muss nach einer Operation sich wieder bewegen lernen oder durch große Veränderungen überhaupt neue Orientierung im Dasein finden. Der Verlust eines geliebten Menschen nötigt dazu, allein zurechtzukommen. Üben ... Leben üben. Jeden Tag neu. Was einen dabei aufrechterhält, ist die Erfahrung, dass Üben nicht Stillstand bedeutet, sondern Bewegung. Und die vollziehen wir nicht allein: „Fürchte dich nicht, ich bin mit dir; weiche nicht, denn ich bin dein Gott. Ich stärke dich, ich helfe dir auch, ich halte dich durch die rechte Hand meiner Gerechtigkeit" (Jesaja 41,10). So kann's gehen.

Viel Freude bei der Lektüre wünsche ich Ihnen!
Ihre
Susanne Breit-Keßler

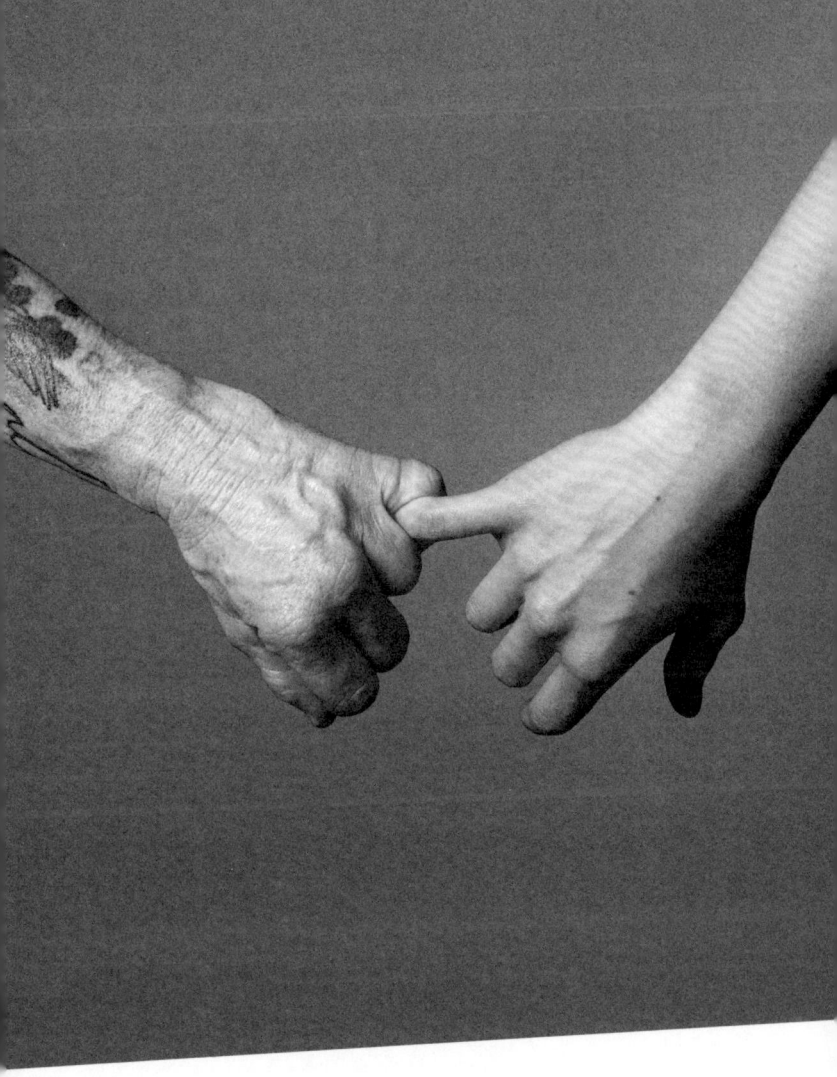

Mein Ziel / 1

Dies ist das Wort, das Jesaja, der Sohn des Amoz, schaute über Juda und Jerusalem. Es wird zur letzten Zeit der Berg, da des Herrn Haus ist, fest stehen, höher als alle Berge und über alle Hügel erhaben, und alle Heiden werden herzulaufen, und viele Völker werden hingehen und sagen: Kommt, lasst uns hinaufgehen zum Berg des Herrn, zum Hause des Gottes Jakobs, dass er uns lehre seine Wege und wir wandeln auf seinen Steigen! Denn von Zion wird Weisung ausgehen und des Herrn Wort von Jerusalem. Und er wird richten unter den Nationen und zurechtweisen viele Völker. Da werden sie ihre Schwerter zu Pflugscharen machen und ihre Spieße zu Sicheln. Denn es wird kein Volk wider das andere das Schwert erheben, und sie werden hinfort nicht mehr lernen, Krieg zu führen.

Kommt nun, ihr vom Hause Jakob, lasst uns wandeln im Licht des Herrn!

Jesaja 2,1–5

Mein Ziel

Susanne Breit-Keßler

BIBLISCHE MINIATUR
ZU JESAJA 2,1–5

Martin Luther King meinte: „Der Glaube gibt uns Kraft, tapfer zu tragen, was wir nicht ändern können, und Enttäuschungen und Sorgen gelassen auf uns zu nehmen, ohne je die Hoffnung zu verlieren." Ohne je die Hoffnung zu verlieren … Jesaja schreibt an sein Volk, das in der Verbannung lebt. Jahre gehen dahin, Lebenszeit verstreicht. Das Interesse an allem, was rundherum geschieht, erlischt. Hoffnung erlahmt. Das „anything goes", alles geht, verwandelt sich in ein „rien ne va plus". Nichts geht mehr, schon gar nicht vorwärts.

„Ich lebe und ihr sollt auch leben", sagt Jesus. Nur mit Bildern der Hoffnung bewegt sich etwas. Man muss den Mut haben zu träumen, um kräftig kämpfen zu können. Wenn wir uns nur auf das konzentrieren oder fixieren, was wir vor Augen haben, dann finden wir uns je nach Charakter gleichgültig, verdrossen oder apathisch mit den Dingen ab, wie sie nun einmal sind. Ohne Hoffnung bewegt sich gar nichts.

Was der Prophet Jesaja vor Augen malt, hat mit Gottvertrauen zu tun. Wer das hat, der holt daraus den langen Atem der Geduld, hält durch und bleibt in Bewegung.

> "
> Ohne Hoffnung bewegt sich gar nichts.
> "

Solange ein Mensch bereit ist, auf die Sprache Gottes in seinen Träumen zu hören, Botschaften zu entschlüsseln, die in den Bildern seiner Seele verborgen sind, so lange ist alles möglich. Träume zeigen, was Mann und Frau selbst dafür tun müssen, damit Wünsche und Sehnsüchte Wirklichkeit werden. Aus den eigenen Träumen und Fantasien kommt die Kraft, sich wach der Vergangenheit und der Gegenwart zu stellen. Aus ihnen kommt die Energie, mit der Wirklichkeit, mit ihren Aufgaben, Konflikten und Möglichkeiten umzugehen.

Sie verändern die Einstellung zur Realität, können Hinweise geben, was zu tun oder auch zu lassen ist. Zugleich ist es weise, sich nicht komplett zu übernehmen. Es reicht erst einmal, dass uns Träume und Fantasien Hoffnung auf ein anderes Leben geben, auf unerwartete Wendungen, auf Überraschungen, die einen auch umhauen können. Märsche in den Niederungen oder durch Abgründe enden endlich. Es geht aufwärts. Nach oben, in neue menschliche Höhen. Wir kommen in Bewegung und werden handlungsfähig.

Jesaja ist alles andere als romantisch oder realitätsfremd. Er spricht unmissverständlich von Gericht und Zurechtweisung: „Gott wird richten unter den Nationen und zurechtweisen viele Völker." Ohne Klarheit kommen auch große Visionen nicht aus. Träumen wir mit geschlossenen und offenen Augen – des Nachts und am Tage, in einer stillen Stunde. Pflegen wir schöne, humane und realisierbare Utopien vom friedlichen Miteinander. Und erleben wir, dass „bei Gott kein Ding unmöglich ist" (Lukas 1,37).

Karl Weber

„7 Wochen ohne Stillstand" – das kann ja heiter werden. Wo ich mich so gern ausruhe, mich zurücklehne
und den lieben Gott einen guten Mann sein lasse. Ich
brauche meine Pausen. Brauche Zeiten der Stille, des
Durchhaltens, des Hörens – Zeiten der Passivität, in
denen es in mir und um mich herum ruhig und langsam wird. Ich genieße Stillstand und komme viel zu
selten dazu, mir solche Zeiten auch wirklich zu nehmen. Das diesjährige Fastenmotto reizt mich zum
Widerspruch: zu laut die Stimmen, die alles anders
machen wollen, zu schnell die Nachrichten und
Schlagzeilen, die jede Stunde eine neue Sau durchs
Dorf treiben, zu voll der Kalender mit unzähligen
dienstlichen und privaten Terminen, zu zerstörerisch
die Ideologie des ewigen Wachstums. Immer mehr,
immer schneller, alles, nur kein Stillstand – STOP! Ich
mache da nicht mit, habe vor allem den Eindruck, wir
bräuchten eigentlich weniger und leiser und nachhaltiger und durchdachter und langsamer.

„7 Wochen ohne Stillstand" – das kann ja heiter
werden. Wo meine Pläne und Ziele und Visionen vor
mir liegen wie ein unerklimmbarer Berg. Jeden Tag
kommen neue dazu. Und jeden Tag sterben einige –
unerledigt, zugedeckt von Dingen, die plötzlich wich-

tiger sind, die unerwartet all meine Kraft kosten, bis sie dann auch wieder zugedeckt werden und ich sie vergesse. Wünsche, Ziele, Pläne, Visionen sterben in mir ab und hinterlassen kleine Spuren wie alte Narben: die unerfüllten Wünsche, frühere Verletzungen, Wendungen des Lebens, Rückschläge. Sie alle erzählen von Plänen, aus denen nichts geworden ist. Und da soll ich mir immer wieder neue dazulegen und riskieren, dass sie wieder sterben? Immer mehr, immer schneller, alles, nur kein Stillstand – STOP! Ich mache da nicht mit. Habe auch hier den Eindruck, ich bräuchte nicht mehr, sondern weniger und leiser und nachhaltiger und durchdachter und langsamer.

> **Bräuchten wir nicht weniger statt mehr, leiser statt lauter, langsamer statt schneller?**

„7 Wochen ohne Stillstand" – das kann ja heiter werden. werden. Vor mir auf dem Schreibtisch liegt meine Bibel, die Seiten wellig, der Buchrücken brüchig. Ich streiche mit dem Finger über die alten Worte, lese Jesajas Vision, geträumt so lange vor meiner Zeit: Menschenscharen aus allen Völkern zusammen auf dem Weg zum Berg Gottes, zu seiner Hütte inmitten unserer Welt. Schwerter werden zu Pflugscharen und Pfeile zu Sicheln, fröhliche Lieder statt hasserfüllter Parolen, lachende Gesichter statt tränenüberströmter Wangen, offene Hände statt geballter Fäuste, kein Krieg, kein Leid, kein Geschrei. Das klingt für mich nach Ruhe und nach Frieden und am Ende auch nach Stille. Die Welt kommt an ihr Ziel, und das Leben der Menschen – auch mein Leben – ist plötzlich, wie Gott es gemeint hat. Ein Text voll Ruhe und trotzdem voller Aufforderungen: „Lasst uns wandeln zum Hause des Herrn", „Lasst uns wandeln im Lichte des Herrn". Also doch keine Ruhe, doch kein Stillstand? Der Schlüssel zu meinem Unbehagen liegt in diesem Vers versteckt: „Denn von Zion wird Weisung ausgehen und des Herrn Wort von Jerusalem und er wird richten unter den Nationen und wird viele Völker zurechtweisen."

Gott schaut mir beim Planen zu. Gott sieht meine Eile, meine Hast, die Narben der gestorbenen Pläne, der eingeschlafenen Visionen. Und dann weist er mich zurecht. Ich erlebe das manchmal: Er sitzt neben mir und schaut auf den Scherbenhaufen vor mir, und dann spricht er, ein leises Flüstern: „Es ist gut. Siehe, ich mache alles neu." Und dann treibt es mich plötzlich wieder hinaus auf die Straßen meines Lebens, zu anderen Menschen, zu den offenen Fragen und Geheimnissen und Wundern, die diese Welt für mich bereithält. Dann fällt alle Trägheit von mir ab, weil seine Geistkraft mich lebendig macht. Und dann erkenne ich: Meine Pläne sind immer nur ein Teil seiner Zukunft. Seine Pläne übersteigen die meinigen, sind größer, weiter, heller, klarer. Aber ich kann mein Planen und Denken und Träumen in seins legen und daran mitwirken, dass Gottes Traum von einer besseren Welt wahr wird. Auch in den kommenden „7 Wochen ohne Stillstand". Ja, das kann heiter werden.

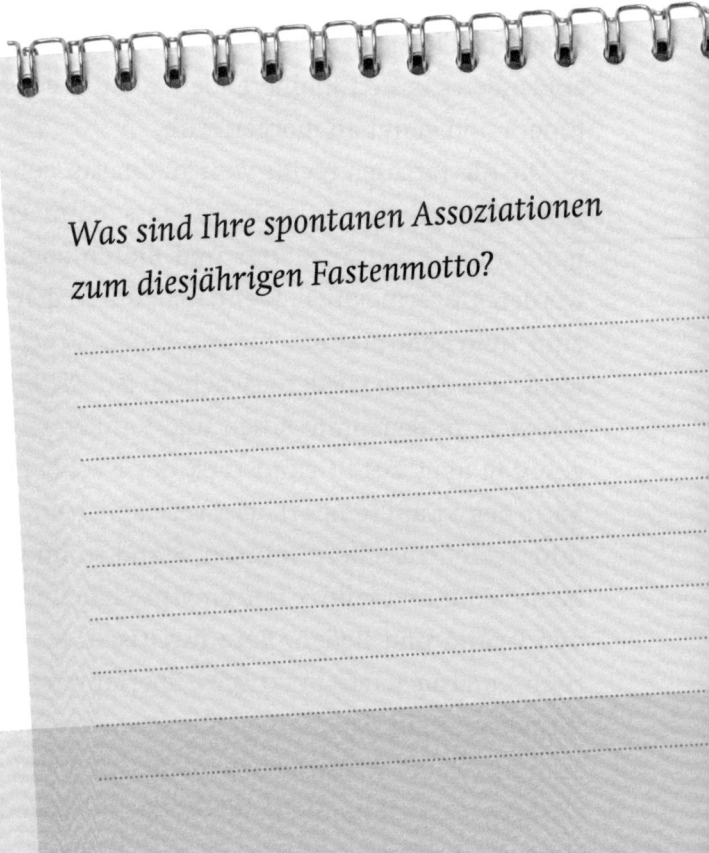

Was sind Ihre spontanen Assoziationen zum diesjährigen Fastenmotto?

Andreas Malessa

Der Gospelchor singt hinreißend, wirklich. Das Lied „Down by the Riverside" enthält den ziemlich oft wiederholten Kehrvers „I ain't gonna study war no more", weshalb Moni beim vierten oder fünften Mal flüsternd ihren Mann fragt „Heißt doch: Ich studiere das Kriegführen nicht mehr, stimmt's?" Jannik nickt, applaudiert in den jubilierenden Schluss des Songs hinein und denkt an morgen früh.

Die Kletterrosen rechts vom automatischen Garagenrolltor wuchern so üppig, dass beim Öffnen manchmal ein paar Blätter und Blüten abgerissen werden. Unvermeidlich. Wenn man durch den Keller zum Auto geht und das Tor von innen öffnet – wer weiß, was außen wieder gewachsen ist! Die Blumenrabatten, in denen die Rosen und Ranken wurzeln, gehören aber zum Grundstück des Nachbarn. Der hatte beim Kauf seines Hauses vertraglich ein „Überfahrtrecht" zusichern müssen. Stand so im Grundbuch. Moni und Jannik fahren also täglich über seinen Grund und Boden. Rein juristisch. Rein praktisch – und auch raus praktisch – überfahren sie dabei immer mal ein paar seiner Blumen. Herr Nachbar bepflanzte die Grünflächen rechts und links der Garageneinfahrt nämlich mit Sorten, die zuverlässig in die Breite wachsen. Rhododendren, Hortensien, Sträucher aller Art. Als er unter die Büsche auch noch Markierungssteine setzen wollte, war es zum lautstarken Eklat gekommen. Morgen früh wird Jannik wieder rausschlingern. Rückwärts.

Der Chordirigent erklärt jetzt etwas langatmig, dass der Prophet Jesaja um 700 vor Christus eine Wallfahrt zum Berg Zion imaginierte, dass Gott „die Völker zurechtweisen", alle Kriege beenden und ein Friedensreich herbeiführen würde. Die Band intoniert „I'm goin' up the mountain", der Chorleiter ruft: „Schwerter zu Pflugscharen! Lasst uns pflügen statt schießen", dann schmettern die Stimmen.

> **Gibt es heute mehr Kriege als zu Jesajas Zeiten?**

Moni denkt an die Skulptur vor der UNO. An den heroischen Schmied, der das Schwert krumm hämmert. Und an die Aufnäher auf den Jacken der Friedensdemonstranten in der DDR. Gibt es heute mehr Kriege als zu Jesajas Zeiten oder hören wir nur von allen? Können machtlose Kleinbürgerinnen wie sie die Kriegstreiber der Welt stoppen? „Frieden schaffen ohne Waffen", herrje, das trugen ihre Eltern als Aufdruck auf Halstüchern.

Jannik denkt ans Pflügen. Man müsste ein paarmal vor und zurück durch seine Blumenhecken pflügen, ratzfatz die ganze blöde Gartenumrandung unserer Garageneinfahrt zu einem matschigen Forstweg verbreitern! Hätte ich einen bulligen SUV mit Frontgitter, wie die Trucks in Australien einen haben, wenn sie Kängurus überfahren, dann ... Das Lied endet mit donnerndem Finale. Applaus, Applaus.

„Diese Plastik, die die Sowjets in den Garten der UNO gestellt haben ...", sagt Moni, als sie im Foyer des Saales noch ein Glas trinken. Jannik fällt beim Stichwort „Plastik" ein, dass morgen die gelben Tonnen rausgestellt werden müssen. Würde er die seines Nachbarn rammen, läge sein Vorgarten voll Plastikmüll, ha!

Moni bricht mitten im Satz ab und starrt Richtung Ausgang. „Sie war auch im Konzert!"

„Wer?"

„Unsere Nachbarin! Die Frau vom Gartenzwergkrieger."

„Wo?"

„Da, am Ausgang."

Als die beiden, freundlich Guten-Abend-und-auf-Wiedersehen murmelnd, an ihr vorbei sind, sagt Jannik: „Das Schwierige am Frieden schaffen ist ja, nicht zu sagen, was man denkt, und nicht zu machen, was man könnte."

„Wie kommst du denn darauf?"

ES LEBE DIE UTOPIE!
VOM PRINZIP HOFFNUNG
Siegfried Eckert

„Wer Visionen hat, sollte zum Arzt gehen", dieses geflügelte Wort wird Helmut Schmidt zugeschrieben. Was für ein humorloser Gedanke mit schrecklich gestutzten Flügeln, für einen, dem die Fantasie verloren gegangen sein muss. Warum nicht über den Tellerrand der Tagespolitik blicken?

Ganz anders war der in rote Wolle gewickelte Philosoph Ernst Bloch gestimmt, dessen Denken von der Utopie, dem Noch-Ausstehenden, der Zukunft, die auf uns zukommt, lebte. Die Welt braucht Visionäre, Menschen mit Utopien, Propheten und Prophetinnen, die über den Tag hinaus eine Hoffnung in sich tragen. Schöne Aussichten sind möglich, auch wenn wissenschaftliche Vorhersagen apokalyptisch anmuten.

Wie gut, dass es vor langer Zeit der Sohn des Amoz mit seinen Visionen ins Prophetenbuch Jesaja geschafft hat. Gott sei Dank ist die Bibel voll von Visionen, heilvollen wie unheilvollen. Jesu Rede vom Reich Gottes goss ebenfalls Öl ins Feuer der Hoffnung. Vor allem die Osterbotschaft entflammte eine Utopie, die bis heute zündet, allen Unkenrufen zum Trotz. Abgerechnet wird also zum Schluss. Das Leben ist nicht totzukriegen. Gott ist ein Gott der Lebenden. Das sind doch gute Perspektiven. Und das letzte Buch der Bibel, die Offenbarung, schwärmt geradezu von solch einem neuen Himmel und einer neuen Erde, in denen alle Karten neu gemischt werden. Kein Leid, kein Geschrei, kein Schmerz, kein Tod wird mehr sein, heißt es. Der Himmlische höchstpersönlich wird uns die Tränen von unseren verweinten Gesichtern abwischen. Warum mit solchen Gedankenspielen zum Arzt gehen?

Jesaja, der Sohn des Amoz, war ebenfalls voller Utopien, die zum Kompass ganzer Generationen werden sollten. Ich versuche, sie in unsere Gegenwart zu übersetzen, da ich der festen Überzeugung bin: Träume sind keine Schäume. Visionen sind nicht therapiebedürftig. Eher wohnt solcher Imagination eine heilsame Kraft, ein Heiliger Geist inne. Eine Utopie kann die berühmte Karotte sein, die dem störrischen Esel Menschheit vor die Nase gehalten wird, um sich aufzumachen, Veränderungen anzugehen, Reformationen zu wagen, Unglaubliches zu erwarten. Laut Jesaja wird etwas geschehen, etwas auf uns zukommen, was kein Mensch in der Hand hat. Über unsere irdischen Niederungen hinweg wird Gott auf dem Höhepunkt seiner Geschichte sein Haus unter uns auf einem Berg aufschlagen. Von einer anderen Perspektive her wird Gott sich einen Überblick verschaffen. Alle Völker werden sich dann zum Erhabenen auf den Weg machen und Gottes Höhenluft aufsuchen. Denn sie werden es in den dunklen Tälern ihrer Abschottung, ihrer Perspektivlosigkeit nicht mehr aushalten. Auf ihrem Weg zu Gott hin, werden sie anfangen, sich gegenseitig zu ermutigen. Sie werden offen sein, neue Wege zu beschreiten zu dem einen Gott, zur Gottheit aller Menschen und Welten. Ihre Herzen werden offen sein. Ihre Ohren werden offen sein. Wenn alle Völker von dem Einen Weisung für ihr Miteinander empfangen.

Und dann wird auf Gottes Agenda stehen: Gott spricht Recht zwischen den Völkern. Das Recht wird die Hauptrolle spielen. Es wird Schluss sein mit Unrecht und Ungerechtigkeit. Eine große Transformation wird anstehen, zur Bewahrung der Schöpfung und in der Rüstungsindustrie, wenn Schwerter zu Pflugscharen und Lanzen zu Winzermessern werden. Beides soll zum gleichen Ziel führen: dem Frieden zwischen den Völkern, dem Verlernen des Kriegshandwerks, dem Ende jeglichen Raubrittertums gegen Mutter Erde. Gäbe es solche Visionen nicht mehr, die Welt wäre ärmer und die Schöpfung endgültig verloren. Vor allem aber der Mensch wäre um die Hoffnung auf ein gutes Ende gebracht. Und das wäre gewiss nicht im Sinne von Helmut Schmidt gewesen.

Das nervt. Wenn einer nicht zum Punkt kommt. Wenn ich nicht weiß, worauf meine Kollegin mit ihrer Präsentation eigentlich hinauswill. Oder wenn ein Bekannter immer wieder erzählt, was er nicht alles machen müsste, aber irgendwie nichts auf die Reihe bekommt und sich selbst nicht aus dem Bett heraus. Denn es braucht Ziele – im Gespräch, in der Dienstplanung, im eigenen Leben. Wenn aber jemand allzu gezielt und überstrukturiert daherkommt und für alles einen Plan hat, um dann am Ende einen Haken zu machen an die Aufgabe, an den Tag, ans Leben, so kann das für die Mitmenschen auch anstrengend sein. Und für sie oder ihn selbst vermutlich auch.

> **Aus dem Standpunkt eine Bewegung machen.**

Es bedarf also, wie so oft im Leben, einer angemessenen Balance. Hier zwischen gesund gesetzten Zielen und Raum für Spontanes, zwischen überlegt angegangenen Aufgaben, planvollem Tun und solchen Zeiten, in denen man sich finden lassen kann. Zum Beispiel von dem Einen, der uns immer wieder ermutigt loszugehen. Der uns Wege zu gehen lehrt und uns dem Licht entgegenführt. Losgehen aber müssen wir selbst, und das ist das erste Ziel: sich loszumachen vom inneren Schweinehund, um gelegentlich die Komfortzone zu verlassen und aus einem Standpunkt eine Bewegung zu machen.

Dabei weiß die Psychologie, dass es mit der menschlichen Zielsetzung gar nicht so einfach ist. Wenn Ziele zu hoch angesetzt werden, kommt es schnell zum Scheitern, und es bleibt Frustration zurück. Viele kennen das von allzu guten Vorsätzen am Jahresanfang oder von überambitionierten Fastenvorhaben in diesen Tagen. Wenn Absichten jedoch zu niedrig angesetzt sind, ist man schnell unterfordert und das Ergebnis ebenfalls nur bedingt befriedigend. Darum empfiehlt sich bei der Zielsetzung die smarte Art mit SMART-Zielen: Danach sollen Vorhaben – gemäß den Anfangsbuchstaben – spezifisch, messbar, attraktiv, realistisch und terminiert sein. Diese Methode ist anwendbar im Dienst, im Glaubensleben und im privaten Umgang. Oftmals helfen in der persönlichen Planung schon die bewusste Benennung einer Absicht und das Festlegen, bis wann diese erreicht werden soll, um zielgerichtet zu agieren.

Zum Beispiel auch beim Ziel, bewusster zu wandeln, im Lichte Gottes sogar. Dabei können wir ganz im Vertrauen einfach losgehen. Über Hügel, hoch und hell, durch Täler, tief und trüb. Denn Gott geht mit. Darum geht's.

Mein Ziel – konkret

Beate Hofmann

Haben Sie schon ein Vision Board? Regelmäßig zu Beginn eines neuen Jahres stoße ich in Magazinen und Kolumnen auf die Anregung, eine Collage aus Bildern, Texten, Fotos und Farben zu gestalten, die ausdrücken, wo die Lebensreise in den nächsten 365 Tagen hingehen soll.

Früher habe ich darüber den Kopf geschüttelt, denn ich dachte an eine Art kreative Bastelidee, für die ich in meinem gefüllten Alltag sowieso keine Zeit übrig hatte. Träume sind Schäume – wer kennt das nicht? Ich habe gelernt, mir klare Ziele zu setzen: spezifisch, messbar, attraktiv, realistisch, terminierbar. SMART, so bezeichnet man im Unternehmenskontext diese Vorgehensweise. Es gilt als kluge Strategie, um Ziele bestmöglich zu erreichen. Da ist auch viel dran, will man effektiv Dinge erledigen.

> **Es gibt mehr als smarte Ziele.**

Heute weiß ich, es gibt mehr als smarte Ziele. Wir brauchen darüber hinaus ein Wofür, eine Ausrichtung, eine Vision für unsere Zukunft. Eine Vision ist eine Art Weitblick, etwas, was uns in die Zukunft lockt. Daher möchte ich Ihnen zu Beginn dieser Fastenzeit Mut machen, genau zu prüfen, worum es in den nächsten sieben Wochen gehen soll.

Wo soll die innere Lebensreise hingehen? Welchen Glaubensweg wollen Sie beschreiten? Was wollen Sie wirklich lernen, üben, wandeln?

Um vom Wollen zum Können zu kommen, brauchen wir eine Strategie, die umfassender ist, als smarte Ziele zu formulieren. In den alten Jesajatexten der Bibel lässt sich erahnen, wie dies aussehen kann. Hier begegnen uns viele visionäre Bilder: der Berg, auf dem die Stadt Gottes ein sicherer Ort für alle Menschen ist, oder der Pflug, geschmiedet aus Waffen, die überflüssig werden, weil Völker im Frieden miteinander leben.

Es sind innere Bilder, die locken und die jeder Mensch sofort versteht. Sie strahlen Ruhe, Frieden und Lebensfreude aus und wecken dadurch eine Sehnsucht in uns. Vielleicht denken Sie beim Lesen von der Stadt auf dem Berg an ein Bergdorf mit stillen Gassen und lebendigen kleinen Plätzen, auf denen Menschen sitzen, einen Kaffee oder ein Glas Wein in der Abendsonne trinken, Kinder spielen und Alte still versonnen zuschauen. Die Türen der Kirche sind weit offen, sodass der Raum mit Licht geflutet ist und Lust macht einzutreten. Oder sie riechen den Duft der dunklen, gehaltvollen Erde, die hinter dem geschmiedeten Pflug aufbricht und eine gute Ernte ahnen lässt.

Jede und jeder von uns hat andere innere Bilder, die mit unserer eigenen Erlebniswelt zusammenhängen, wenn wir diese Bibeltexte lesen. Und diese Bilder leiten uns, wenn sie uns guttun, gleich einem inneren Navigationsgerät. Sie lotsen uns vielleicht nicht zu einem speziellen Punkt, doch sie führen uns in eine gute Richtung – weg von Streit, Unfrieden und Krieg hin zu Verstehen, Großherzigkeit und aufrichtiger Nähe.

Wie viel würde sich ändern in uns und um uns, wenn wir von dieser Sehnsucht geleitet in die nächste Besprechung, den nächsten Elternabend, ins Geschäft oder zum Familientreffen gehen?

Ich habe Freude daran gefunden, mir eine Collage aus Bildern, Zitaten und Fotos zu gestalten, die mich locken, mehr Leichtigkeit in meinem Alltag zuzulassen.

„Federleicht" steht auf meinem Vision Board. Zwischen Lieblingsfotos von schönen Plätzen, liebsten Menschen und Natur habe ich eine Strophe aus Bonhoeffers Text „Von guten Mächten wunderbar geborgen" platziert. Dies alles richtet mich darauf aus, der Kraft Gottes zu trauen und jeden Tag neu zu prüfen, ob ich Aufgaben, Entscheidungen und Gewohnheiten mit Leichtigkeit umsetze. Wenn die große Richtung klar wird, dann ist es wesentlich leichter, kleine Ziele zu erreichen. Probieren Sie es aus.

Coaching-to-go-Tipps, um Ziele zu erreichen:

1. Aktionsplan

- Was genau ist für Sie jetzt dran? Wollen Sie etwas Konkretes in kurzer Zeit in Ihrem Leben ändern, beispielsweise mehr Zeit für sich selbst, für spirituelle Tiefe in einem gefüllten Tagesablauf haben?
- Dann orientieren Sie sich an den SMART-Zielen mit folgenden Fragen:
- Was konkret möchte ich erreichen?
- Wie fühle ich mich dann? Und woran werde ich erkennen, dass es sich geändert hat?
- Warum brauche ich das so sehr?
- Was brauche ich konkret, um mein Ziel zu erreichen?
- Bis wann kann ich das umsetzen und was kann ich heute schon dafür tun?

2. Vision – langfristige Ausrichtung

- Dafür ist es wesentlich, sich immer wieder Zeit zu nehmen, um große Fragen zu beantworten.
- Wer bin ich?
- Was sind meine besonderen Stärken und Begabungen?
- Wofür will ich diese nutzen oder einbringen?
- Womit kann ich einen Beitrag zu einem größeren Ganzen leisten?
- Was ist in meinem Leben zu kurz gekommen und will mehr be- oder gelebt werden?

Im Anschluss daran lassen Sie sich von ihren Antworten inspirieren, Fotos und Bilder dazu zu ordnen. Vielleicht suchen Sie passende Bibelzitate oder schreiben selbst Stichwörter, die Sie zu einem Bild auf einem Karton komponieren. Hängen Sie Ihre Collage (für sich selbst) gut sichtbar in Ihrem Zuhause auf und prüfen Sie immer einmal wieder, ob Sie in diese Richtung ausgerichtet ihren Alltag leben können.

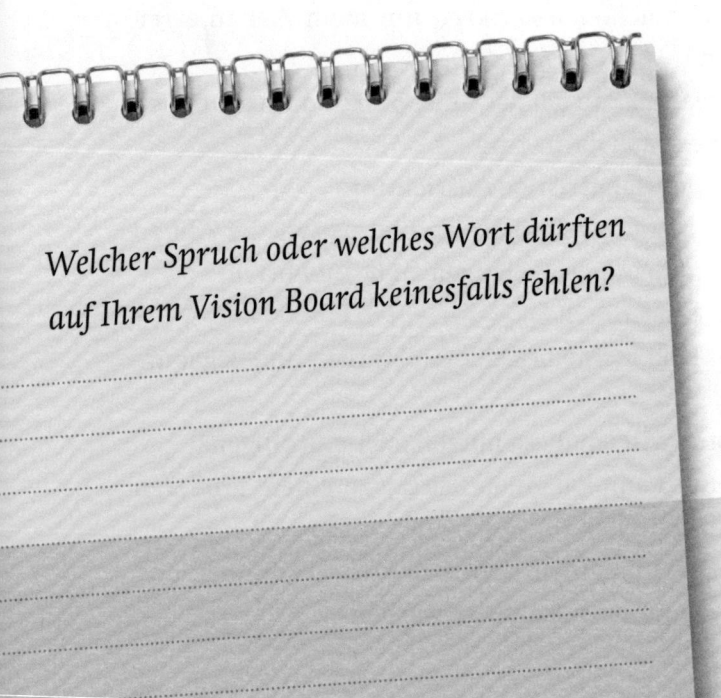

Welcher Spruch oder welches Wort dürften auf Ihrem Vision Board keinesfalls fehlen?

Loslegen / 2

Denn ein Gerechter fällt siebenmal und steht wieder auf,
aber die Frevler versinken im Unglück.

Sprüche 24,16

Weit über 2.000 Jahre ist das Buch „Die Sprüche Salomos" alt, aus dem diese Lebensweisheit stammt. Fallen und Wiederaufstehen – über Generationen. Welche Personen und Geschichten Ihrer Vorfahren fallen Ihnen dazu ein? Was haben Sie über das Fallen und Wieder-aufstehen aus Ihrer Familiengeschichte mitgenommen?

Loslegen

Susanne Breit-Keßler

BIBLISCHE MINIATUR
ZU SPRÜCHE 24,16

Jeder kennt den Spruch: „Hinfallen, aufstehen, Krone richten, weitergehen." Da geht es nicht einfach darum, so zu tun, als wär' nix, oder sich zusammenzureißen. Das hilft beim Üben auch nur sehr bedingt. Klar, manchmal muss man richtig dranbleiben, auch wenn es einem schwerfällt. Den inneren Schweinehund überwinden, damit man beim Lernen einer Sprache, in der Musik oder beim Sport etwas erreicht. Man muss kleine Pleiten auch nicht unnötig an die große Glocke hängen, sondern kann sie locker überspielen.

Hinfallen, aufstehen, Krone richten, weitergehen ... Der Spruch interpretiert Gelingen und Scheitern freundlich und liebenswürdig. Er geht ganz selbstverständlich davon aus, dass alles seine Zeit braucht – und niemand deswegen dumm oder ungeschickt ist, weil es Aufs und Abs gibt. Es fällt einem kein Zacken aus der Krone, wenn man gelegentlich von vorne anfängt oder ganz gemütlich weitermacht. Die Krone bleibt trotzdem schön oben auf dem Kopf.

In der Offenbarung steht: „Sei getreu bis in den Tod, dann will ich dir die Krone des Lebens geben" (Offenbarung 2,10). Unser Dasein besteht aus Trial and Error, aus Versuch und Irrtum. Daraus, sich einzuüben, etwas zu lernen, auch aus Fehlern, und sich begeistert über alles zu freuen, was einem glückt. Und bei all dem zu wissen und darauf zu vertrauen, dass Gott dieses unser ganzes Leben mit gütigen Augen anschaut und uns rechtfertigt, allein aus Gnaden. Er setzt uns selbst die unverlierbare Krone auf.

Wir können also gelassen siebenmal fallen und wieder aufstehen. Oder öfter. Die Sieben ist übrigens eine besondere Zahl, die Fülle und Ganzheit versinnbildlicht. Der siebte Tag ist Sabbattag, weil Gott die Welt auch nicht an einem Tag hinbekommen wollte. Jedes siebte Jahr ist ein Sabbatjahr. Die großen Feste Israels dauern sieben Tage. Altes und Neues Testament erzählen auch vom Zehnfachen der Zahl Sieben – von siebzig Jahren, die das babylonische Exil dauerte, eine intensive Bußübung und Reflexion der eigenen Geschichte.

Es gab siebzig Älteste und Apostel – Menschen mit viel Lebenserfahrung, die sie auch nur durch Versuch, Irrtum und Gelingen erworben haben. In der Offenbarung enthält die Buchrolle mit den sieben Siegeln alle göttlichen Ideen für das Ende der Welt (Offenbarung 5,1). Wen wundert es, dass einem manches wie dieses Buch vorkommt, weil man eben nicht Gott, sondern Mensch ist ... Hinfallen, aufstehen, die von Gott geschenkte Krone richten und getrost weitergehen. Man muss ja keine sieben Weltwunder erschaffen. Ein kleines reicht.

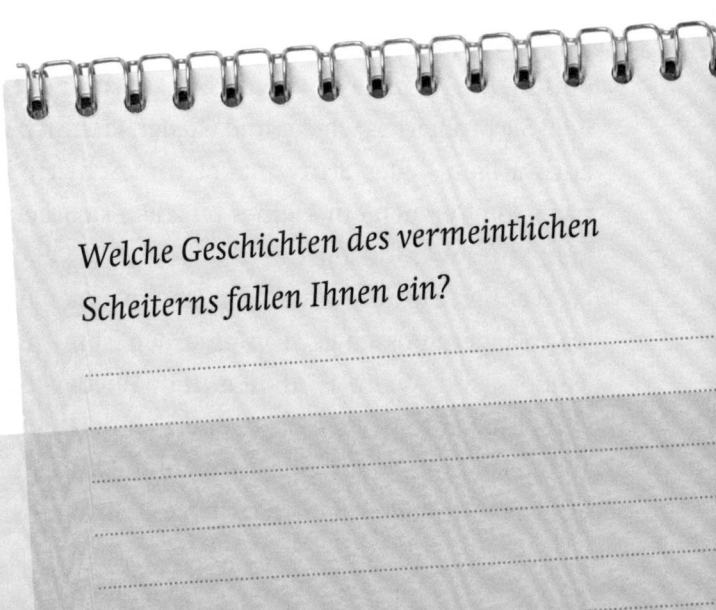

Welche Geschichten des vermeintlichen Scheiterns fallen Ihnen ein?

SCHWIERIGE ANFÄNGE IN GELBEN STRUMPFHOSEN

Ramón Seliger

Die kleine Handyaufnahme ist Gold wert. Wackelige Bilder von noch wackeligeren Schritten. Momente, festgehalten für die Ewigkeit. Die ersten Schritte der Tochter. Mit ihren gelben Strumpfhosen und den roten Spangen im Haar. Wie sie sich jetzt langsam aufrichtet. Mit rudernden Armen ringt sie um Gleichgewicht. Sie wippt leicht nach vorn und nach hinten. Jetzt läuft sie los. Mit dem Kopf voran, aber die Beine wollen noch nicht recht hinterher.

Schon fällt sie um. Aber sie fällt nicht tief. Sofort steht sie wieder auf. Dieses Mal nimmt sie die Beine mit. Und es klappt! Drei Schritte bis in die Arme der Mutter. Die Augen weit aufgerissen. Was für ein Staunen! Sie probiert es wieder und wieder, lässt sich nicht entmutigen. Jeder Sturz macht ihre Schritte beim nächsten Versuch ein kleines bisschen sicherer. Und kein Sturz war umsonst.

Wer sagt eigentlich, dass das Laufenlernen irgendwann abgeschlossen ist? Laufenlernen ist mitnichten Kindersache. Wenn Hinfallen und (Wieder-)Aufstehen zum Laufenlernen dazugehört, dann lernen wir ein Leben lang. Was zählt, ist nicht die Kurzstrecke, sondern Ausdauer und Beharrlichkeit. Immer wieder komme ich aus dem Gleichgewicht, stolpere über die eigenen Füße. Mal kommt mein Kopf nicht hinterher und mal will ich mit dem Kopf durch die Wand. Da hilft mir die Erinnerung an die gelben Strumpfhosen. Sie rufen mich auf zur Geduld und zaubern mir ein Lächeln auf die Lippen. Laufenlernen ist eben keine Kindersache. Das Wiederaufstehenlernen gehört dazu.

Jetzt hat das kleine Mädchen den Bogen raus. Ein Fuß nach dem anderen. Kleine Schritte mit großer Wirkung. Und das Wackeln gehört einfach dazu. Genauso wie das Kinderlachen und die gelben Strumpfhosen.

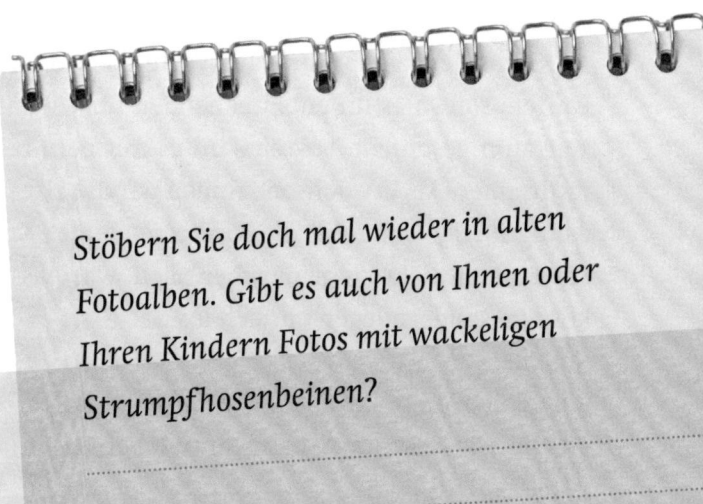

Stöbern Sie doch mal wieder in alten Fotoalben. Gibt es auch von Ihnen oder Ihren Kindern Fotos mit wackeligen Strumpfhosenbeinen?

Loslegen – konkret
Beate Hofmann

Vor Jahren war ich zu Gast bei einem Vortrag des Hirnforschers und Bildungsexperten Gerald Hüther. Bis heute erinnere ich mich an eine Formulierung von ihm, die ich gerne zitiere: Frage: Wie lernt ein Kind laufen? Antwort: Von Fall zu Fall.

Das Auditorium amüsierte sich königlich, und er machte uns darauf aufmerksam, dass wir jetzt garantiert etwas gelernt hätten, weil emotionale Anker wie unser Lachen ebenso hilfreich wären wie häufige Wiederholung, wenn es darum geht, Lernpfade in unserem Gehirn anzulegen und neue Verhaltensweisen einzuüben.

Kinder lernen spielerisch, Worte ebenso wie das Laufen, sofern es im entsprechenden Entwicklungszeitraum geschieht. Später wird es mit dem Lernen mühsamer. Als Erwachsene finden wir das Hinfallen wenig lustig. Uns fehlt die Risikofreude der Kinder. Sie denken nicht lange darüber nach, was passieren könnte, sondern legen einfach los.

Ich glaube, diese kindliche Lust am Ausprobieren ist es, die wir besonders dann entwickeln, wenn wir stark motiviert sind und ein hohes Interesse an dem nächsten Schritt haben. Frisch verliebte Pärchen, die tanzen lernen, werden sich nicht gleich in die Wolle kriegen, wenn es bei der Schrittfolge hapert. Dann übt man eben noch mal und noch mal und scheitert fröhlich weiter, bis es irgendwann klappt. Denken Sie dagegen an ältere Paare, die einen Auffrischungskurs in der Tanzschule buchen. Da könnte man häufig den Paartherapeuten gleich dazubuchen. Die Leichtigkeit, loszulegen und nach einem Fehler von vorn zu beginnen, ist eher einer Lust an gegenseitiger Schuldzuweisung gewichen. Das bremst aus oder führt dazu, dass man sich gar nicht erst aufs Üben einlässt.

Wann haben Sie zum letzten Mal etwas zum ersten Mal gemacht? Wissen Sie, wie es sich anfühlt, etwas ganz neu zu beginnen und mit einer gewissen Mischung aus Freude und Anspannung die ersten Schritte auf diesem Gebiet zu wagen? Probieren hat mit Fehlertoleranz zu tun, mit Mut und Barmherzigkeit. Wir müssen uns selbst trauen! Und es ist leichter, das Risiko einzugehen hinzufallen, wenn wir wissen, dass niemand darüber lacht, dass keiner unsere Schwäche ausnutzt, und wenn wir die Hoffnung haben, dass sich das Noch-mal-Probieren irgendwann auszahlt.

Ich habe mir zum Geburtstag eine Slackline gewünscht. Dieser schmale Gurt, zwischen zwei Bäumen in unserem Garten gespannt, dient mir täglich als spielerische Fitnessübung. Anfangs war es schwer, auf dem wackeligen Band zu balancieren. Ich bin schnell ins Ungleichgewicht gekommen und abgesprungen. Aber ich habe es immer neu probiert, bin wieder aufgestiegen und habe den nächsten Schritt versucht. Inzwischen halte ich mich schon etwas besser. Schritt für Schritt. Die ganze Länge schaffe ich längst noch nicht, doch ich übe weiter, denn es macht mir Spaß und ich weiß, dass es meine Balance und Körperspannung trainiert. Dieses Wissen und die unbekümmerte Leichtigkeit helfen mir dranzubleiben.

> **Wer loslegen will, muss bereit sein, Gelingen für möglich zu halten.**

Ein wesentlicher Hinweis, den ich Menschen im Coaching für ihre Übungen mit auf den Weg gebe, heißt: Beginne mit dem Leichtesten! Denn es ist egal, um welche Veränderungen und Ziele es geht. Immer gilt, wer loslegen will, muss bereit sein, Gelingen für möglich zu halten, Scheitern zuzulassen, sich nicht frustriert zurückzuziehen und ein großes Ja dazu im Herzen zu haben.

Coaching-to-go-Tipps fürs Loslegen:

Was ist das Leichteste, mit dem Sie heute loslegen können?

Überlegen Sie sich einen ersten Schritt, den Sie heute in Richtung Ihres Vorhabens gehen können. Tun Sie diesen Schritt genau jetzt: sich fünf Minuten Zeit für Stille und Gebet nehmen, aufstehen und Gymnastik machen, das Tagebuch nehmen und einen Gedanken notieren, den Anruf bei den Eltern tätigen, vier Vokabeln einer neuen Sprache lernen, einen Psalm lesen, dem Partner oder der Partnerin Aufmerksamkeit schenken ... Legen Sie los, auch wenn der Schritt noch so winzig ist!

- Wer loslegen will, der muss immer wieder seine Bremsen lösen – innerlich wie äußerlich. Prüfen Sie, welche Bremsen Sie noch lösen wollen, indem Sie sich diesen drei Bremsklötzen stellen:

- Ausweichen: Wo übernehmen Sie lieber eine Routineaufgabe, putzen das Bad oder zappen durch die Medien, statt endlich loszulegen?

- Abschieben: Wem geben Sie die Schuld daran, dass Sie (noch) nicht selbst loslegen können?

- Ablehnen: Wo weichen Sie aus und suchen Argumente dagegen, statt endlich beherzt loszulegen?

  Lösen Sie Ihre Bremsen, indem Sie sich den Spruch dieser Woche ins Bewusstsein rücken: Ein Gerechter fällt siebenmal und steht wieder auf (Sprüche 24,16)

Andreas Malessa

„Was für eine attraktive Schönheit!", sagte keiner der Kollegen. Dachten aber alle. Als Shirinpari Zareianhashemi Koshro zum ersten Mal die Männerrunde im Konferenzraum betrat, knisterte die Luft vor unterdrückter Bewunderung. Jegliches Augenbrauenheben zu vermeiden war Janniks erste Herausforderung. Vorsicht, Machoverdacht. Sein zweites Problem war, ihren Namen fehlerfrei auszusprechen. Sie hieß tatsächlich so, die neue Projektleiterin: Frau Schieri Paris Zara Leander Haschmich Kosovo oder so ähnlich. Promovierte Wirtschaftsinformatikerin aus den USA, fünf Jahre bei der Softwarekonkurrenz dort drüben, jetzt in Janniks Firma. Sie zu fragen, woher sie „wirklich" komme, wäre rassistisch. Also sorgten der Flurfunk und die Teeküche dafür, dass einem zu iranischen Frauen mehr einfällt als die Kaiserin Soraya oder die Märchenerzählerin Sheherazade aus Tausendundeiner Nacht.

Jannik übte. Tapfer. Frühmorgens beim Rasieren, laut vor sich hin: „Nein, nicht Sharon. Shirin! Und ‚Paripari' sagt man doch, wenn etwas fifty-fifty geteilt wird. Also noch mal ganz langsam …"

„Übst du schon ihren Vornamen? Schau an", merkte seine Frau etwas spitz an, als sie ins Bad kam.

Jannik verdrehte die Augen. „Wenn seit Jahren die Nachrichtenmoderatoren vom ZDF fehlerfrei ihre Kollegin Shakuntala Banerjee ansagen können, wieso muss ich dann jedes Mal aufs Blatt gucken, bevor ich die Dings, die, äh, die Neue jemandem vorstelle?"

„Es ist zum Mäusemelken, zum Eierlegen, zum Haare raufen!" Als die Dame vom Controlling dies in einem Meeting ausrief, guckte Frau Koshro irritiert.

„Was heißt das?", fragte sie.

„Das sieht man doch an den Zahlen!", war die Antwort.

Die Iranerin aus Amerika meinte aber eher das Mäusemelken und das Eierlegen.

Auch sie übte tapfer. Spätabends, samstags, sonntags. Mit der rigorosen Hartnäckigkeit einer Operndiva. Beim Busfahren und Einkaufen lauschte sie den Leuten ihre Sätze ab und kämpfte mit der Vieldeutigkeit deutscher Begriffe.

„Ich nehme an" ist eine Vermutung. „Ich nehme ab" ist eine Diät. „Ich nehme wahr" ist ein Eindruck. „Ich nehme falsch" gibt's nicht. „Aufnehmen" kann man ein Gespräch mit dem Diktiergerät, einen Flüchtling ins Land, einen Krümel vom Teppichboden, einen Gedanken in der Sitzung und einen Kredit von der Bank. Alles „aufnehmen"? Sie wollte verzweifeln.

„Ja, das muss man erstmal auf sich nehmen", nickte Jannik. Es sollte ermutigend klingen.

Irgendwann ergab sich eine Autofahrt zu zweit. Gar nicht machomäßig eingefädelt, rein zufällig. Wirklich. Aus dem Verkehrsfunk schnappte Frau Korsho das Wort „Umgehungsstraße" auf. Warum es nicht „Umfahrungsstraße" heißt, wollte sie wissen.

Weil da meistens Stau ist und man im Gehen schneller wäre, dachte Jannik grimmig.

„Es gibt das Wort ‚um*gehen*'", erklärte er und betonte es auf der zweiten Silbe, „also einen Stau oder eine Baustelle um*gehen* und es gibt ‚*um*gehen', Betonung auf der ersten Silbe. Freundlich miteinander *um*gehen, verstehen Sie?"

Da! Ein Fahrradfahrer schwenkte zügig vom Radweg auf die Straßenmitte vor ihnen. Jannik bremste, fluchte ein Wort, das ausländische Führungskräfte nicht lernen sollten, und Shirinpari atmete erleichtert auf: „Verstehe. Wir müssen ihn um*fahren*. *Um*fahren!" Sie betonte es auf der ersten Silbe.

„Nein!", Jannik schüttelte lachend den Kopf: „Deutsch lernen ist wie Radfahren lernen. Dass es zu jeder Regel ein paar Ausnahmen gibt, ist die Regel."

„Right! Und ich denke: Sieben Mal hinfallen, jedes Mal aufstehen, das steht schon in der Bibel."

„Da steht doch nichts über Deutschlernen und Radfahren!"

„Nein, aber über Geduld beim Üben."

VON EINER FUSSBALLMANNSCHAFT LERNEN
Christian Nürnberger

Obwohl der TSV 1980 Böbrach in der untersten Fußballklasse notorisch den letzten Platz belegt und jedes Spiel in der Regel zwischen 1:11 und 0:27 verliert, muss man sich die Mitglieder und Spieler dieses Vereins als glückliche Menschen vorstellen. Zwar wären sie noch glücklicher, wenn sie auch mal gewinnen oder gar vom Letzten zum Drittletzten aufstiegen, aber darum geht es nicht.

Darum kann es auch gar nicht gehen für eine Mannschaft, in der die ältesten Spieler dreiundfünfzig und neunundfünfzig, und die anderen fußkrank, schleimbeutelgeplagt oder frisch operiert sind, Rückenprobleme haben oder schwer an ihrem Gewicht tragen. Vielmehr geht es „einzig und allein darum, dass wir diese Saison irgendwie zu Ende spielen können", sagt der Vereinsvorsitzende Alfons Drexler, denn er weiß aus Erfahrung: „Ein Verein, der seine Mannschaft abmeldet, kehrt nie mehr zurück. Dafür gibt es in unserer Region viele Beispiele." Und darum kommt Aufgeben nicht infrage.

Es geht also um den Erhalt des Vereins, des in Eigenleistung erstellten Vereinsheims und irgendwie auch um eine Zukunft für das 1.600-Einwohner-Dorf im Bayerischen Wald bei Bodenmais. Wissend, dass sie auch das nächste Spiel wieder verlieren werden, gehen die Spieler daher eisern zum Training, zweimal pro Woche. Wehleidigkeit gibt es nicht. Gejammert wird nicht. Zu Verzweiflung gibt es keinen Grund, denn „bei uns stehen Freundschaft, Gemeinschaft und das Fair Play im Vordergrund", sagt Drexler.

Natürlich war und ist die Mannschaft dem allgemeinen Gespött der anderen ausgesetzt. Aber jetzt dreht sich allmählich der Wind und sie erntet: Respekt. Man nimmt die Mannschaft plötzlich auch außerhalb ihrer Region wahr. Schon melden sich junge Fußballer aus aller Welt und wollen beim TSV Böbrach mitspielen. Ein junger Mann aus Tansania und ein Könner aus der 1. Liga des Kosovo wollen angeblich kommen.

Vielleicht wird es ja was mit dem Abschied vom letzten Platz und dem Stigma des notorischen Verlierers. Vielleicht rückt der Tag näher, an dem die Böbracher die Früchte ernten für ihre Haltung, für dieses: „Wir lassen uns nicht unterkriegen, wir geben niemals auf. Und wenn wir noch so oft verlieren, so stehen wir trotzdem wieder auf und stellen uns der nächsten Niederlage, so lange, bis es mit diesem andauernden Verlieren mal aufhört."

Das Beispiel könnte Schule machen – in der Region und weit darüber hinaus, überall dort, wo anscheinend nichts mehr geht, wo Dörfer sterben, die Jungen

wegziehen, der letzte Laden schließt, das letzte Wirts-
haus dichtmacht, die Schule in den nächstgrößeren
Ort abwandert. Überall dort, wo es noch nicht zu spät
ist, könnten die Bewohner und Bewohnerinnen den
Verfall vielleicht aufhalten, Dorfläden gründen,
Wirtshäuser in Eigenregie betreiben, sich um Kinder
und Jugendliche kümmern, die Alten reaktivieren –
wenn sie sich nur leiten ließen von diesem banalen
und dennoch wahren Spruch aus dem Alten Testament: Ein Gerechter fällt siebenmal und steht wieder
auf.

Aber: Der Spruch bietet keine Erfolgsgarantie.
Überhaupt sollte man ihn nicht zu hoch hängen, nur
weil er aus der Heiligen Schrift stammt. Nicht alles,
was darin steht, hat das gleiche Gewicht. Vieles wird
daher in der Bibel auch wieder relativiert, sogar kor-
rigiert. Diese Sache mit dem Hinfallen und Wieder-
aufstehen, die stimmt zwar, ist nicht falsch, jedes
Kind lernt auf diese Weise das Laufen und lernt dabei:
„Übung macht den Meister" und „aller Anfang ist
schwer". Und wer gerade eine Lebenskrise durch-
macht, von einer Krankheit geplagt wird, den Verlust
eines geliebten Menschen beklagt, sollte sich dieser
Erfahrung erinnern, sie aber nicht verabsolutieren.

Schnell banalisiert man sie zu einer frisch-fromm-
fröhlich-freien Binsenweisheit der Think-positive-Rat-
geber. Die Kirche sollte sich hüten, ihren Glauben als

einen Alles-wird-gut-Optimismus zu verharmlosen. Jesus garantierte nicht den Erfolg, sondern das Kreuz.

Schon Hiob fährt der fröhlichen Weisheit der „Sprüche Salomos" in die Parade und macht Schluss mit der lange gepflegten Erfolgstheologie: Wenn ihr den Willen Gottes tut, wird er dafür sorgen, dass euer Leben einen günstigen Verlauf nimmt. Wenn nicht, wird er euch strafen. Stimmt nicht, ruft Hiob aus eigener Erfahrung: Gott bringt den Frommen um wie den Gottlosen. Der eine stirbt frisch und gesund in allem Reichtum, der andere verbittert und hat nie vom Glück gekostet. Und oft ist es der Lügner und Betrüger, dem das Glück hold ist, während der Anständige vom Unglück verfolgt wird.

Der Rat, sich nicht entmutigen zu lassen, wird durch diese bittere Anklage nicht falsch. Denn trotz Hiob gilt: Wer aufgibt, hat schon verloren. Und nur, wer wieder aufsteht, hat überhaupt eine Chance, sein Glück doch noch zu schmieden. Aber einklagen lässt sich dieses Glück nicht, weder vor Gott noch vor irgendeiner anderen Instanz.

Das zu wissen und Gott trotzdem treu zu bleiben wie Hiob, das erst ist wahrer Glaube. Er bedarf der Übung. Des Hinfallens. Des Aufstehens.

WURZELNACKT
Ralf-Uwe Beck

Spatentief
ist der Boden durchstochen
um mich her
bin ich
niedergeschlagen
der Stamm
lenkt, nein längt ein
und legt sich
zum eigenen Schatten.

Wurzelnackt,
immerhin ist nichts gebrochen,
liege ich und gebe
nichts auf
den Tod
kann ich nicht ausstehen
aber aufstehen
in einem Pflanzloch
wartet das Leben.

Auf also,
in die Erde zurück,
wenn es sein muss
mit Pfahl und
Bindestrick.

Wer aufgibt, hat schon verloren. Vielleicht nutzen Sie die Fastenwochen, Dinge wieder aufzunehmen, die Sie schon aufgegeben hatten?

....

....

....

....

....

....

....

....

....

....

....

Dranbleiben /3

Da wurde Jesus vom Geist in die Wüste geführt, damit er von dem Teufel versucht würde. Und da er vierzig Tage und vierzig Nächte gefastet hatte, hungerte ihn. Und der Versucher trat herzu und sprach zu ihm: Bist du Gottes Sohn, so sprich, dass diese Steine Brot werden. Er aber antwortete und sprach: Es steht geschrieben (5. Mose 8,3): »Der Mensch lebt nicht vom Brot allein, sondern von einem jeden Wort, das aus dem Mund Gottes geht.«

Da führte ihn der Teufel mit sich in die heilige Stadt und stellte ihn auf die Zinne des Tempels und sprach zu ihm: Bist du Gottes Sohn, so wirf dich hinab; denn es steht geschrieben (Psalm 91,11–12): »Er wird seinen Engeln für dich Befehl geben; und sie werden dich auf den Händen tragen, damit du deinen Fuß nicht an einen Stein stößt.« Da sprach Jesus zu ihm: Wiederum steht auch geschrieben (5. Mose 6,16): »Du sollst den Herrn, deinen Gott, nicht versuchen.«

Wiederum führte ihn der Teufel mit sich auf einen sehr hohen Berg und zeigte ihm alle Reiche der Welt und ihre Herrlichkeit und sprach zu ihm: Das alles will ich dir geben, wenn du niederfällst und mich anbetest. Da sprach Jesus zu ihm: Weg mit dir, Satan! Denn es steht geschrieben (5. Mose 6,13): »Du sollst anbeten den Herrn, deinen Gott, und ihm allein dienen.« Da verließ ihn der Teufel. Und siehe, da traten Engel herzu und dienten ihm.

Matthäus 4,1–11

Dran-
bleiben

Susanne Breit-Keßler

BIBLISCHE MINIATUR
ZU MATTHÄUS 4,1–11

„Da wurde Jesus vom Geist in die Wüste geführt, damit er von dem Teufel versucht würde", fast beiläufig
steht es da. Wir sind nicht immer selbst schuld daran,
wenn wir in die Wüste geraten. Es muss nicht unser
brennender Ehrgeiz sein, der uns in die Öde treibt. Es
gibt Situationen, die einen zwangsläufig umtreiben.
Sie sind so extrem, weil ein Fortkommen nicht in
Sicht ist, nicht im Augenblick. Es ist unglaublich kräf-
tezehrend, wenn man nicht mehr ein noch aus weiß,
wenn man beginnt, sich selbst nicht mehr zu kennen.

Aber es hilft nichts. Die Wüste der Gedanken und
Gefühle muss durchlebt werden – mit ihrem Brennen
und Sengen, mit den Fantasiegebilden, die sich in
Treibsand, in Nichts auflösen. Der Geist führt in die

Wüste. Grundsätzlichen Entscheidungen des Lebens, neuen Wegen und Kehrtwendungen gehen lange Durststrecken voraus. Sie müssen vorausgehen, soll die Wahl zwischen „gut genug" und „reicht nicht", zwischen Gut und Böse in die Hand des Menschen gelegt sein und bleiben. Es ist manchmal kaum zu ertragen.

> „
> Neuen Wegen gehen oft lange Durststrecken voraus.
> "

Und bleibt doch immer ein Zeichen von gottgegebener Würde und Freiheit: klären, entscheiden und Verantwortung für das eigene Leben und das anderer übernehmen. Das geht nicht, wenn man sich an materiellen Dingen orientiert, der Bequemlichkeit verfällt und letztlich einen Pakt mit dem Teufel schließt, um eigene hohe Ziele zu erreichen und die Welt nach eigenem Gutdünken zu verändern. Was an Goethes Faust erinnert, an Märchen, in denen der Bocksbeinige auftritt und allerlei Seligkeiten verspricht, das hat einen alltäglichen Kern.

Eine feste Überzeugung lässt man unter den Tisch fallen, weil sonst ein schöner Plan, etwas Großartiges zu erreichen, nicht weiterverfolgt werden könnte. „Der Zweck heiligt die Mittel" sagt man und redet sich ein, dass miese Verfahren zu etwas Gutem führen. Innere Werte werden dem sogenannten Realismus geopfert. Es ist eine große Versuchung, manches, was

nicht gut genug, was zerstörerisch ist, als unumstöß-
lich hinzunehmen. Es ist eine noch größere Versuchung, koste es, was es wolle, das Beste für sich her-
auszuholen. Dabei bleibt Leben auf der Strecke.

„Du sollst anbeten den Herrn, deinen Gott, und
ihm allein dienen", zitiert Jesus schließlich aus der
Heiligen Schrift. Er nimmt die Kraft für das Aushalten von Wüstenzeiten nicht aus sich selbst. Er wehrt
sich mit der Rückbesinnung auf seine geistige Her-
kunft. Das macht mir das Herz leichter. Ich weiß
nicht in jeder Lebenslage aus eigener Vernunft und
Kraft, wie es weitergehen kann. Der Heilige Geist, so
sagt Luther tröstlich, „hat mich durch das Evangeli-
um berufen, mit seinen Gaben erleuchtet, im rechten
Glauben geheiligt und erhalten". In diesen Glauben
übe ich mich immer wieder neu ein.

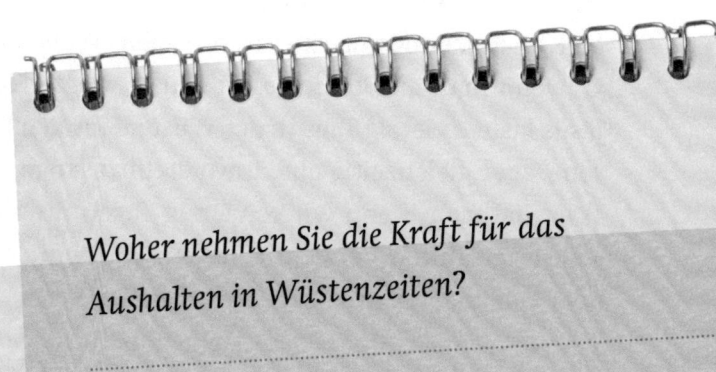

Woher nehmen Sie die Kraft für das
Aushalten in Wüstenzeiten?

WEGZEHRUNG AUF DER
WÜSTENWANDERUNG

Christian Behr

Im vergangenen Jahr war ich das erste Mal über eine längere Zeit krankgeschrieben – genau sieben Wochen. Es waren sieben Wochen mit verordnetem Stillstand. Dranbleiben konnte ich nur an dem, was mir verordnet war. Andere Menschen überlegten, was mir zum Überleben gut und wichtig wäre. Und ich musste oder konnte mich dem nur fügen. Es war wie sieben Wochen Dranbleiben. Dranbleiben am Leben. Nicht müde werden. Das Leben nicht loslassen.

Auf der anderen Seite wurde für mich viel deutlicher als im normalen Lebensfluss, dass das Leben ein Geschenk ist. Dass ich nicht alles selbst machen kann, dass ich nicht alles in der Hand habe.

Und trotzdem – ohne Stillstand? Das klingt erst einmal mühsam. Es kann aber auch ein gehöriges Maß an Hoffnung mitschwingen. Sieben Wochen sind ja, wenn man die Sonntage abrechnet, vierzig Tage. Jesus fastete vierzig Tage in der Wüste. Eine symbolische, aber gleichzeitig eine unvorstellbar lange Zeit. Wir sind froh, wenn wir es vierzig Tage mit einem selbst gewählten Verzicht schaffen oder ein selbst oder von anderen gesetztes Ziel erreichen.

Die Vierzig ist auch eine symbolische Zahl für andere Erfahrungen. Das Volk Israel wanderte vierzig Jahre durch die Wüste. Eine Zeit voller Entbehrungen. Eine Zeit, in der das Volk oft aufgeben wollte, in der es sich zurücksehnte nach Ägypten. Weil die Menschen vielleicht mit der zeitlichen und räumlichen Entfernung vergaßen, welche Mühe und Plage ihnen dort auferlegt worden war. Dranbleiben – das erforderte auch bei den Israeliten Durchhaltekraft. Und eine starke Führungspersönlichkeit sowie einen tiefen Glauben, der es möglich machte, die tiefen Täler zu durchschreiten.

1949 bis 1989 waren auch vierzig Jahre. Ich möchte sie nicht direkt mit der Wüstenwanderung des Volkes Israel vergleichen. Und doch waren es für viele auch Jahre der Entbehrung und der Hoffnungslosigkeit. Nicht nur im Osten; an manchen Stellen auch im Westen. Natürlich im eingemauerten Teil Deutschlands doch anstrengender und manchmal auch hoffnungsloser. Mancher gewöhnte sich an den Status quo. Und auch ich hoffte Mitte der achtziger Jahre nicht mehr direkt auf eine schnelle Lösung der festgefahrenen Situation. Andere aber riefen leise oder auch laut: Dranbleiben. Dranbleiben an der Hoffnung auf Veränderung. Nicht nachlassen. Nicht bequem werden. Auch wenn es einmal anstrengend wird. Es hat sich gelohnt. Auch wenn heute einige meinen, es sei doch nicht alles schlecht gewesen. Es war auch nicht alles schlecht, sonst würden wir unsere eigenen Biografien verleugnen. Auch auf der Wüstenwanderung des Volkes Israel gab es gute Zeiten, hoffnungsvolle Aufbrüche. Es gab die Gemeinschaft des Volkes.

Die Geschichte von Jesu Fasten in der Wüste bekommt dadurch, dass er dies ganz allein durchsteht, einen fast übermenschlichen Zug. Wir aber haben meist Menschen an unserer Seite, mit denen wir reden, mit denen wir streiten, mit denen wir überlegen können, wie wir dranbleiben an unserer Hoffnung.

Das hat mich auch in den sieben Wochen Auszeit im vergangenen Jahr gestärkt. So habe ich es geschafft, nicht nachzulassen – und habe auf der anderen Seite den Stillstand genießen können. Ein Innehalten, das dann wieder in einen Aufbruch münden konnte.

Matthäus berichtet, dass Jesus nach seinem vierzigtägigen Wüstenaufenthalt mit seinem Wirken beginnt, dass er die ersten Jünger beruft und dann die wunderbare Rede auf dem Berge hält. Auch sie ist uns Wegzehrung durch manche Wüstenzeit. Bleiben wir dran am Leben und an der Hoffnung.

FILMREIF
Johannes Goldenstein

Vierzig Tage in der Wüste. Eine echte Challenge. Jeden Tag mindestens einen Instagram-Post, schon von der Vorbereitung. Dann Sequenz für Sequenz Spektakuläres. Schweißtreibendes. An-die-Grenzen-Gehen, Mühsal, Blasen, keine Lust mehr. Doch aufgeben?

Das war vorhersehbar. Oder auch nicht. Doofe Überraschung. Obwohl: Eigentlich hättest du dich doch so gut kennen können …

Mit Störungen umzugehen, lässt sich lernen. Dafür gibt's Seminare und Ratgeber. „Nehmen Sie sie wahr und schicken Sie sie freundlich, aber bestimmt weg" ist ein klassischer Rat, wie man mit Ablenkungen in der Gebetszeit umgehen kann. Was aber, wenn ich selbst meine größte Störung bin? „Störungen haben Vorrang", heißt es in der Themenzentrierten Interaktion. Ignorieren geht nicht.

Versuch macht klug. Aber Versuchung? Versuchung macht mürbe.

Innenansichten eines Übungsprozesses. Wo lässt die Konzentration nach? Wann kommt der Schmerz? Welches ist der Punkt, die Schwelle, die du überwinden musst, damit der Kopf leer wird?

Und dann diese eminent theologische Erzählung im Matthäusevangelium, die doch eigentlich nur ein einziges Ziel hat: Jesus als Gottessohn zu erweisen. Als den, „der versucht worden ist in allem wie wir, doch ohne Sünde", wie der Hebräerbrief sagt (Hebräer 4,15). Gefundenes Fressen für die Drehbuchschreiber und Regisseure der Jesusfilme.

Der große Durcheinanderbringer weiß scheinbar genau, wo er ansetzen muss: beim Hunger. Bei der Todesangst. Bei der Ohnmacht. „Sorg doch für Brot!" – „Beweis deine Unsterblichkeit!" – „Akzeptier einfach, dass ich der Stärkere bin!" Er hat Spaß an solchen Machtspielchen. Aber da ist er an den Falschen geraten. Der hier ist nicht kitzlig. Der lässt auch nicht mit sich spielen. Der ist klar. Konsequent. Hat Widerworte. Und die haben es in sich.

Was hilft es mir, beim Üben darüber nachzudenken? Es ist schon auch tröstlich, oder? Dem ging's nicht anders. Versucht wie wir. Und trotzdem ist er eben ganz anders. Und ich, ich bin nicht Christus. Für mich gelten andere Erwartungen, Gott sei Dank! Aber wie er bin auch ich Gottes geliebtes Kind.

Und dann der filmreife Schluss – wie bei „Air Force One", wenn der Präsident (Harrison Ford) den letzten Terroristen aus dem Flugzeug geworfen und die Kontrolle zurückgewonnen hat. Ein Blick aus dem Cockpit. Kampfjets ziehen hoch; die Piloten salutieren. Siehe, da traten Engel herzu und dienten ihm.

UNGEAHNTE VERSUCHUNGEN
Andreas Malessa

Die Grillkohle raucht wie ein alter Fabrikschornstein. Opa Hermann hat die schwarzen Bröckchen in eine Feuerschale gehäuft, die an zwei Ketten in einem mannshohen eisernen Dreibein hängt. Auf dem Rost überm Feuer werden nachher Schweinesteaks gegrillt. Als er das erste Bier zischt und sich „die Zigarette davor" anzündet, wie er sie nennt, deckt Moni Geschirr auf den Terrassentisch.

„So so. CO_2-Ausstoß statt Elektrogrill, fettes Fleisch statt Gemüse, dazu Alkohol und Nikotin – mehr mutwillige Unvernunft geht nicht, oder? Ein Sprung vom Balkon wäre kaum gefährlicher." Sie lächelt dabei. Es soll nicht angriffslustig klingen, schließlich sind sie und Jannik bei den Großeltern eingeladen.

„Ich esse doch vierzig Tage nur vegan", hatte sie auf die Einladung erwidert, „und ist es im März nicht zu kalt für draußen?"

„Weiß man's? Klimawandel! Im Sommer regnet's wie Sau", whatsappte Opa zurück.

Also gut, sie waren hier. Aber Moni würde eisern Äpfel essen und Gurkensmoothie trinken.

„Ab siebzig sollte man jeder Versuchung erliegen. Wer weiß, ob noch mal eine kommt", grinst Hermann zurück. „Alte Leute lassen sich von ungesundem

Essen verführen wie junge Leute von unerlaubtem Sex. Was ist gefährlicher, hm?"

Auch das soll nicht angriffslustig klingen, aber Monis Mann hat es durch die offene Terrassentür gehört. Ob Opa Hermann was mitgekriegt hat, damals?

Keine echte Affäre, nein, aber Janniks kurze Herzenswärme für eine hippe Auszubildende hatte für lange Beziehungskälte in seiner Ehe gesorgt. Tapfer widerstanden hatte er der Verlockung nur, weil er nicht als notgeiler Hashtag-MeToo-Idiot dastehen wollte. Die emsige Azubiene ließ sich dann auf anderen Blüten nieder.

„Deine Großmutter, liebe Moni, schwärmte vor Jahren mal für einen langweiligen Konzertpianisten. Ich dachte, bei dem schläft nur das Publikum ..."

Hermann legt drei Steaks, groß wie Topflappen, auf die inzwischen heruntergebrannte Glut. Jannik bringt eine Armbeuge voll Saucenflaschen aus der Küche und unterbricht ihn: „Erzähl lieber mal, was dich heute verführt. Dich! Und heute. Als Mittsiebziger." Jannik will das heikle Thema Erotik beenden. Moni bemerkt es. Opa Hermann lässt sich in den Campingstuhl plumpsen und legt die Grillzange zur Seite.

„Macht."

„Hä?" Die beiden fragen es fast gleichzeitig.

„Die Versuchung zur Macht, ja doch. Bis ins kleinste Detail dafür zu sorgen, dass alles exakt so ist und so bleibt, wie ich es haben will. Kontrollfreak sein. Der Allesbestimmer in unserem kleinen Reich, versteht ihr?"

„Die dünnen zwei sind durch, glaub ich", wirft Moni beim Blick auf den Schwenkgrill ein. Wie oft hatte Großmutter über das dickköpfige Beharrungsvermögen ihres Mannes gemeckert. Seine selbstkritische Offenheit heute ist erstaunlich.

„Ich sitze nicht in irgendwelchen Vereinsvorständen, Stiftungsräten und Gremien, ich herrsche zu Hause genug. Würde Hedwig jetzt sagen. Das ist meine Versuchung, sachichma."

„Und widerstehen würdest du ihr, wenn …?" Jannik kippt zu viel Chilisauce über sein Steak und schaut Hermann auffordernd an. Der öffnet eine zweite Bügelflasche.

„… wenn ich auf geänderte Regeln für Rentner, verschobene Termine, neue Apps im Handy oder spontane Unterbrechungen meines Tagesablaufs nicht gleich so wütend reagieren würde wie …" Er nimmt einen Schluck.

Wie Putin auf seine Kritiker, denkt Jannik.

„… wie ein konservativer Machthaber. Flexibelwerden muss man aber üben. Der Teufel steckt halt im Detail, wie bei jeder Versuchung. Prost."

Oma Hedwig kommt dazu, endlich, sie balanciert auf jeder Hand eine riesige Torte unter den Abdeckhauben. „Entschuldigt meine Verspätung, die Schlange beim Konditor stand bis auf den Bürgersteig. Zwei Schwarzwälder Kirsch, die zweite zum halben Preis. Weil sie gleich schließen. Ich konnte nicht widerstehen."

Opa Hermann grinst, heller als die Sonne am Himmel: „Jeder übergewichtige Mensch weiß, dass der Machtkampf mit sich selbst der schwierigste ist, stimmt's, Hedwig?"

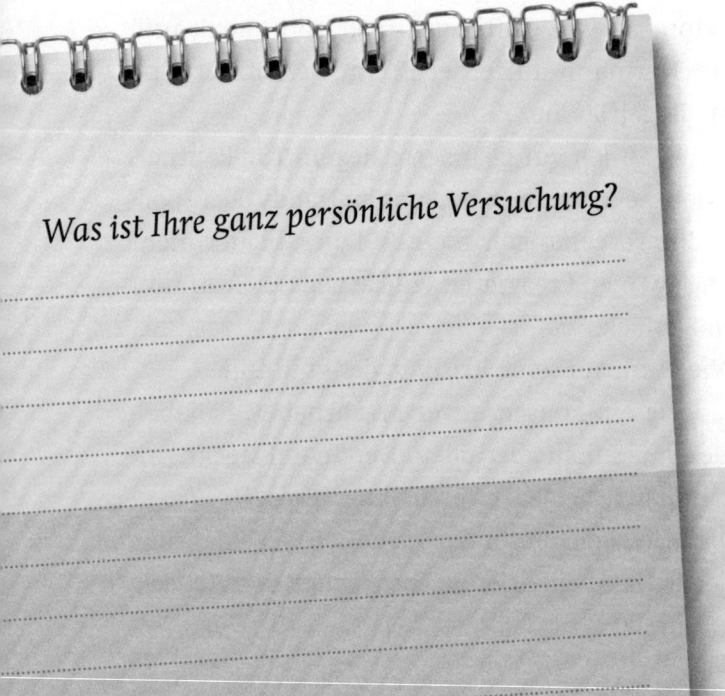

Was ist Ihre ganz persönliche Versuchung?

Dranbleiben – konkret

Beate Hofmann

In einem aktuellen Erziehungsratgeber gibt es den Hinweis, kein Krisengespräch zu führen, wenn Kinder müde oder hungrig sind. Da kann man sich die Mühe gleich sparen.

Bei Erwachsenen erlebe ich das ganz ähnlich. Und Beschlüsse, die in einem Gremium nur deshalb rasch gefasst werden, damit endlich Schluss ist, weil der Magen bei allen schon verdächtig laut knurrt, erweisen sich häufig als unausgereifte Entscheidungen. Wir ticken anders, wenn wir hungern. Und wir sind schnell missgünstig, wenn wir auf etwas verzichten müssen, während andere die Fülle haben.

Mich wundert es überhaupt nicht, dass Jesus mit Versuchungen konfrontiert ist, als er lange Zeit fastet. Allerdings wundert mich die Aussage, dass es ihn hungert. Gutes Fasten zeigt sich ja gerade daran, dass wir dann keine Hungergefühle mehr haben, weil sich der Körper umstellt. Wer dagegen nur auf Nahrungsaufnahme verzichtet, ohne vorher ausreichend abgeführt und den Körper entgiftet zu haben, der wird bald von einem lästigen Hunger oder von Kopf- und Bauchschmerzen geplagt sein. Doch im Kern geht es hier nicht um Fastenkuren, sondern um die innere Haltung, mit der wir Herausforderungen angehen und Irritationen bewältigen, die uns und unsere Visionen infrage stellen. Jesus überzeugt durch seine geradlinige, eindeutige Haltung, und ich spüre den unbedingten Willen aus diesem Disput mit dem Widersacher heraus, sich selbst treu zu bleiben. Authentizität, Glaub-Würdigkeit, Echtheit – alles das wird sichtbar und spürbar, wenn ein Mensch weiß, warum er etwas tut, und wenn er dann diesem roten Faden in seinem Leben oder in einer Entscheidungssituation folgt.

Jesus fastet, bevor er seiner Berufung folgt und öffentlich in Erscheinung tritt. Das ist das Entscheidende. Damit übt er sich im Dranbleiben. Wer sich bewusst einschränkt, reduziert, um zu gewinnen, nämlich die Freiheit, dem eigenen Ruf zu folgen. Jesus lebt ein ganz starkes Wofür und er nährt sich unmittelbar aus der Rückbindung an die Kraft Gottes. Damit ist er innerlich gestärkt und in der Lage, mit dem umzugehen, was ihn von seinem Weg abhalten oder ablenken will. Diese Power, diese Kraft des Glaubens erleben Menschen immer wieder, und vielleicht können Sie selbst aus eigener Erfahrung sagen: Dranbleiben lohnt sich.

So wie Philipp Mickenbecker, der junge Mann, der unglaublich verrückte YouTube-Videos mit seinem

Bruder produzierte, der als Autor des Spiegel-Bestsellers „Meine Real Life Story: und die Sache mit Gott" andere an seinen Zweifeln und seiner Suche nach Gott teilhaben ließ und der 2021 kurz vor seinem 24. Geburtstag an einem Tumor starb. Seine Videos, Interviews und auch das Buch zeigen, wie er darum ringt, die dunklen Seiten des Lebens – Schmerz, Tod, Zweifel, Nichtverstehen – mit seiner Erfahrung der Gottesnähe zu verbinden. Damit spricht er Millionen Menschen an. Seine Ausstrahlung und die seiner Freunde ist ermutigend, pur und kraftspendend, obwohl der Krebs bei Philipp nicht zu stoppen ist.

> " Wer weiß, warum er etwas tut, wird glaubwürdig und authentisch. "

Dranbleiben heißt für Philipp Mickenbecker nicht mehr, nach dem Warum zu fragen, sondern das Wofür zu finden. Er erlebt zwar nicht das Wunder der Heilung, wird aber letztlich selbst zum Wunder – durch sein Dranbleiben an Gott und am Leben. Seine Geschichte erzähle ich deshalb, weil ich froh bin über jeden Menschen, der uns vorlebt, dass es selbst unter schwierigsten Lebensumständen möglich ist, sich für das Dranbleiben, für Hoffnung und für Zuversicht zu entscheiden.

Coaching-to-go-Tipps, um Dranbleiben zu üben:

1. Unterstützende Routinen

- Dranbleiben braucht seine Zeit. Und feste Abläufe unterstützen unsere Vorhaben. Hier drei Ideen:

- Legen Sie sich ein kleines Heft an, in dem Sie jeden Tag einen Erfolg, etwas Gelungenes auf Ihrem Fastenweg, zu Ihrem Vorhaben notieren. Lesen Sie immer wieder in diesem Heft, sobald der innere Schweinehund Sie von Ihrem Tun abhält.

- Stellen Sie sich Dinge bereit, die Ihr Vorhaben unterstützen (Turnschuhe neben die Tür für Bewegungssuchende, Wecker neben den Computer zur Zeitbegrenzung für Social-Media-Freaks, Kerze und Feuerzeug auf den Tisch für Ruhesuchende).

- Räumen Sie Dinge weg, die Ihr Vorhaben torpedieren können (Wein in den Keller statt in den Kühlschrank, Handy abends in eine kleine Box statt neben das Sofa oder Bett, Fernbedienung in die Schublade statt auf den Couchtisch).

2. Inspiration zum Lesen und Schauen

- Philipp Mickenbecker: Meine Real Life Story: und die Sache mit Gott, adeo Verlag, Asslar 2020

- ARD-Reportage „Echtes Leben: Real life guy" vom 18.8.2021

GLÜCKSQUELLEN UND SEELENSCHLUCHTEN

Friedrich Kramer

Vierzig Tage fasten – ab wann wird's gefährlich für Körper und Geist? Ab wann trachtet mir die Wüste nach dem Leben?

Das tägliche Brot umfasst mehr als Nahrung, nämlich auch „Kleider, Schuh, Haus, Hof, Acker, Vieh, Geld, Gut, fromme Eheleute, fromme Kinder, fromme Gehilfen, fromme und treue Oberherren, gute Regierung, gut Wetter, Friede, Gesundheit, Zucht, Ehre, gute Freunde, getreue Nachbarn und desgleichen", so Martin Luther im Kleinen Katechismus. Aber wer fastet, wer sich im Verzicht übt, ringt zuerst mit der Kühlschrank-Versuchung. Sogar Jesus. Matthäus 4, 1–11 beschreibt eine reale Fastenerfahrung.

Nach der Versöhnung mit dem kleinen und dem großen Hunger stellt sich ein Gefühl des Schwebens ein. Und die Sehnsucht wächst, sich fallen zu lassen, sich endlich wieder einmal zurückzulehnen. Und selbst das Glücksgefühl, dieser Versuchung zu widerstehen und sich zu beherrschen, kann kippen – in Allmachtsfantasien. Disziplin braucht einen aufmerksamen Geist. Aber vielleicht reicht nicht einmal der.

Vierzig Tage fasten – das ist eine lange Zeit. Vierzig Tage lang treibst du wie Noah mit Haus und Hof auf der Flutwelle im Ungewissen. Vierzig Tage wanderst und mäanderst du wie die Befreiten in Richtung eines verheißenen Landes, in dem Milch und Honig fließen und bitte, bitte mehr aufgetischt werde als Manna. Vierzig Tage bist du dem Herrn ganz nahe, so wie Mose auf dem Sinai.

Die Zahl Vierzig verbindet Vollkommenes und Umfassendes. Und sie ist nah am Abgrund gebaut. Wer fastet, wird nicht nur an den Glücksquell herangeführt, sondern auch durch manche Seelenschlucht.

Als Jesus nach vierzig Tagen über die Klippe in den Abgrund allen Fastens blickt, hält er sich fest am Bekenntnis seiner Väter und Mütter (5. Mose 6), er hält sich fest an der Schrift. Beide halten Herz, Seele und Verstand in Bewegung und ihn auf gutem Weg.

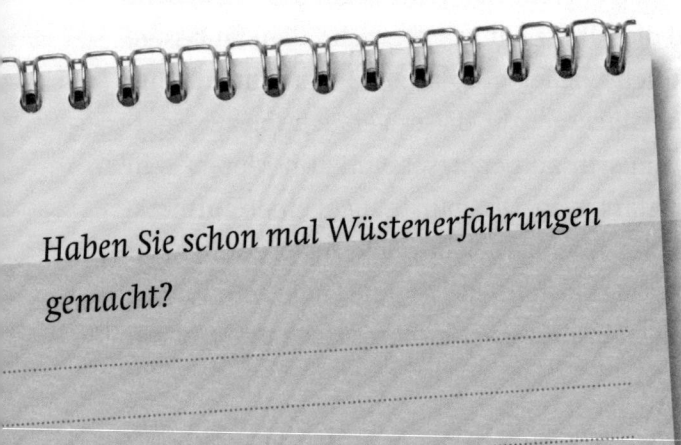

Haben Sie schon mal Wüstenerfahrungen gemacht?

DURCHHALTEN
Henning Kiene

„Ich rufe wegen Ihrer Mutter an. Ihre Mutter wohnt seit einigen Monaten in der Pflegeeinrichtung, die ich leite", hört sie. Sie presst das Handy ans Ohr. Das Wort Demenz fällt, die sei weit fortgeschritten. Ihren Namen und ihre Telefonnummer hätte die Mutter noch selbst notiert. Das Wort „wichtig" stehe daneben. Ob sie mal kommen könne. „Viel Zeit bleibt nicht." Das Gespräch ist beendet, das Handy stumm am Ohr.

Von ihrer Mutter hält sie Abstand, seit Jahren. Die Familie ist schon lange kaputt. Sie sehnte sich nach Wärme, die Mutter sorgte für Kälte. Sie suchte Nähe, die Mutter blieb fremd. Ihr Vater tat ihr leid, der lachte so gern. Er lebte schon lange nicht mehr.

Selbst zu Geburtstagen und an Weihnachten schwiegen Mutter und Tochter. Wenn ihr Mann sie an die Mutter erinnerte, seufzte sie leise: „Ich konnte es ihr nie recht machen." Aus einem Urlaub schrieb sie einen langen Brief. Dieser letzte Versuch blieb ohne Antwort.

Jetzt zögert sie keinen Moment, packt schnell einige Sachen. Sie bricht auf, eine gute Stunde würde sie brauchen. Ihr Mann findet das „sehr gut", er würde mitkommen. Sie will allein fahren. „Halte durch", meint er ernst. „Ich liebe dich", sagt sie noch schnell.

Das Zimmer ist schlicht. Sessel, einige Bilder, Gegenstände, sie erkennt alles wieder. Die alte Uhr tickt laut, das große Radio spielt. Es ist ihr altes Zuhause im Miniaturformat. Die Uhr schlug schon früher für bessere Zeiten. Das Radio steckte voller spannender Hörspiele. Als Kind lag sie auf dem dicken Teppich vor dem Lautsprecher und träumte sich in eine bessere Welt hinein.

Die Mutter schläft, ihr Gesicht ist klein. Es ist kalt. Was mache ich nur hier, denkt sie. Ihre Mutter kennt nur Ablehnung und Härte. Doch das Ticken der Uhr hält sie fest und der Bass im Radio scheppert, wie früher. Auf dem Tisch liegt ein Notizbuch. Sie sieht die handschriftlichen Eintragungen, blättert herum. Hier tragen sich die Besucher ein, es sind nur wenige. Der Bruder kommt regelmäßig. Hinter dem Datum steht, was die Mutter gesagt hat. Hier wurde viel geschwiegen. Ihr eigener Name steht auch da. Auf der ersten Seite. Dazu ihre Telefonnummer und „wichtig". Die Mutter wünschte, sie zu sehen.

Die Uhr schlägt mit tiefem, schwingendem Ton. Die Mutter blinzelt, ihre Blicke treffen sich. Der Schimmer eines Lächelns breitet sich aus. Die Mutter redet. Namen gehen durcheinander, Worte ohne Zusammenhang, Unruhe. „Aber nun bist du ja da", sagt sie. In dem Durcheinander greift sie nach ihrer Hand. „Wir beide schaffen das."

Ihre Fingerknochen sind hart, die Hand ist kalt. Langes Schweigen. Im Radio läuft das Mittagskonzert. Die Kälte weicht aus den Händen. Ihr Mann hat recht, man muss durchhalten.

Sie bleibt sitzen, liest das ganze Tagebuch. Jetzt ist sie an der Reihe. Sie schreibt: „Danke, dass ich herkommen durfte. Hier hatte jemand einen sehr langen Atem. Ich komme wieder." Sie fotografiert die Eintragung und schickt sie an ihren Mann.

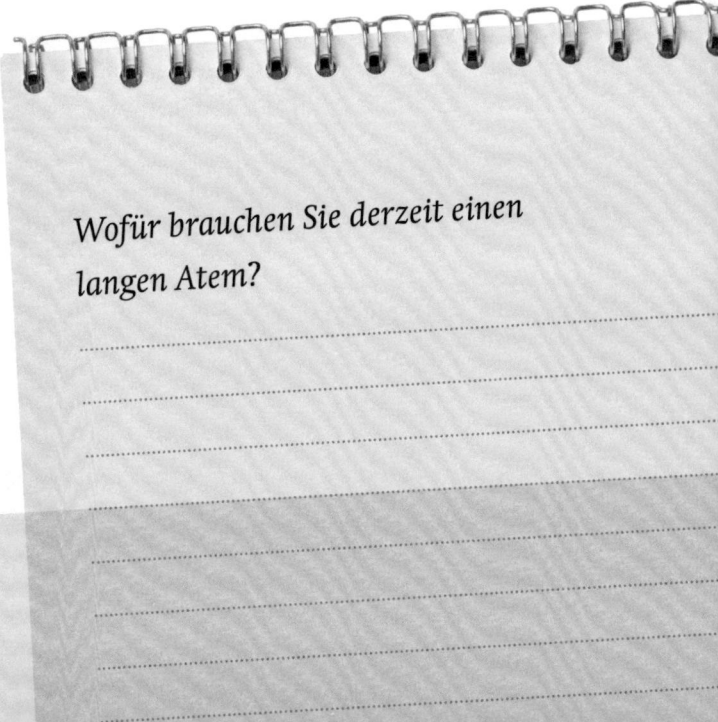

Wofür brauchen Sie derzeit einen langen Atem?

freuen, < 9. Jh., ein Faktitivum zu froh, also eigentlich froh machen. Was macht Sie froh?

....

....

....

....

....

....

....

....

....

....

Freuen /4

Ein anderes Gleichnis legte er ihnen vor und sprach: Das Himmelreich gleicht einem Senfkorn, das ein Mensch nahm und auf seinen Acker säte; das ist das kleinste unter allen Samenkörnern; wenn es aber gewachsen ist, so ist es größer als alle Kräuter und wird ein Baum, dass die Vögel unter dem Himmel kommen und wohnen in seinen Zweigen.

Matthäus 13,31–32

Freuen

Susanne Breit-Keßler

BIBLISCHE MINIATUR
ZU MATTHÄUS 13,31–32

Pflanzen brauchen Licht. Sie brauchen Licht, um Energie, um Kraft zu bekommen. Sie brauchen Licht, um zu wachsen. Daran merkt man, dass sie Lebewesen sind. Wir brauchen auch Licht, um zu gedeihen und um genügend Schwung zu haben, um unseren Alltag bewältigen zu können.

Wir brauchen äußeres Licht wie die Sonne – das merkt man besonders in langen Wintermonaten, wenn die Tage kurz und die Nächte lang sind. Manche Menschen werden in dieser Zeit traurig und verstimmt. Sie machen sich zu Hause besonders viel Licht an oder setzen sich unter ganz bestimmte Lampen, damit sich ihr Gemüt aufhellt und sie wieder fröhlich werden. Wir alle brauchen aber auch inneres Licht.

Ein Licht in unserem Kopf und in unserem Herzen, damit wir mit unserem Verstand, mit unserem Herzen und unserer Seele wachsen und für uns selbst und andere etwas tun können. Damit in unserem Leben eine gute Saat aufgeht.

Woher aber kommt inneres Licht? Ganz warm und hell ums Herz wird einem, wenn andere einen lieben: Eltern, Partner, Geschwister, Freunde. Wenn sie einem Zuneigung, Freundschaft und Verständnis schenken – einen einfach so mögen, wie man ist. Mit allem, was nicht so toll ist im eigenen Leben, und mit dem, was man super hinkriegt. Und davon gibt es immer etwas. Aus vielen unserer Senfkörner werden riesige Stauden, aus dem, was wir anfangen, tolle Sachen.

Inneres Licht schenkt uns neben den Menschen, die uns mögen, auch Gott. Sein Sohn ist das „Licht der Welt". Von ihm wissen wir, dass er uns unendlich so liebt, wie wir sind. Mit unseren kleinen Anfängen und den großen Erfolgen. „Du bist mir eine Pflanze", pflegte meine Mutter zu mir zu sagen. So ganz enthusiastisch war das nicht. Aber ich finde es im Licht des biblischen Wortes ganz entzückend.

Erfüllt vom Licht Gottes können wir uns freuen über das „Gewächs", das wir geworden sind und noch werden. Über das, was wir anderen an Schutz und sicherem Schatten gewähren, welche Früchte unseres

Lebens ihnen zugutekommen. Das Himmelreich ist nah, wenn wir wie Pflanzen das Licht aufnehmen, wenn wir Gott in unser Herz und in unser Hirn hineinlassen, an Leib und Seele wachsen. Und wenn wir dann mit der Kraft, die wir von Gott bekommen und haben, uns um den Frieden bemühen: Wie das Himmelreich fängt Seligkeit auf Erden klein an – mit winzigen Wachstumsschritten. Jeder und jede kann ein Samenkorn sein, das sich so mit guten Gedanken, mit lieben Worten und Taten ausbreitet, dass er oder sie wie ein fest verwurzelter Baum ist, den nichts umhaut. Zu dem andere kommen, um sich bei ihm anzulehnen, in seiner Nähe zu sein und sich wohlzufühlen. Ich möchte gerne eine „Pflanze" sein ... Eine, die dazu beiträgt, dass Menschen ein bisschen Himmelreich schon auf Erden erleben.

> **Woher aber kommt das innere Licht?**

Freuen – konkret

Beate Hofmann

Er ist gigantisch. Hoch wie ein Wolkenkratzer, älter als die meisten Kathedralen und umgeben von einer bis zu fünfzig Zentimeter dicken Rinde, die verheerenden Waldbränden standhält. Die kleinen rundlichen Zapfen schützen und beherbergen unzählige Samen, die nur darauf warten, selbst zum Baum zu werden.

Sequoiadendron giganteum, der Riesenmammutbaum, ist ein echtes Naturwunder. Einer von ihnen, der oft fotografierte General Sherman Tree, wird auf ein Alter von mehr als zweitausend Jahren geschätzt. Ursprünglich wuchsen diese Giganten an den Berghängen der Sierra Nevada im Westen Kaliforniens. Doch solche Baumriesen gibt es auch hier in Deutschland zu bewundern. Ich kenne ein abseits gelegenes Waldstück am Rande der Schwäbischen Alb, wo etliche Mammutbäume im jugendlichen Alter von nur hundertfünfzig Jahren in den Himmel streben. Auch sie sind bereits beeindruckend große Bäume. Kürzlich war ich dort, um einige der rundlichen Zapfen der Mammutbäume zu suchen. Als mein Fund zu Hause in der Wärme der Sonne auf dem Fensterbrett die

Samen preisgab, staunte ich über die winzig kleinen, haferflockenähnlichen Samen, die zum Vorschein kamen. Vermutlich hat Jesus den Sequoiadendron giganteum nicht gekannt. Doch wann immer ich die biblische Gleichniserzählung vom Senfkorn höre, kommt mir der Riesenmammutbaum in den Sinn. Auch diesem Samen sieht man sein Potenzial nicht gleich an.

Jesus spricht über das gelingende, kraftvolle Leben, das Reich Gottes, was nicht erst irgendwann, sondern mitten in unserem Alltag aufbricht. Und er nutzt dafür eben jenes Bild vom winzigen Samen, aus dem ein Baum entsteht, der unsere kühnsten Vorstellungen übertrifft und der sogar Lebensraum für andere bietet.

Ich habe meine Samen zu einem Seminar zum Thema Zukunftsmut mitgenommen. Denn wer den winzigen Samen federleicht in seiner Handfläche spürt, wird staunen, wenn er erfährt, dass ein gigantischer Baum daraus wachsen kann. Dieses Zeichen, was Jesus verwendet, es spricht für sich und es ist ermutigend. Wenn so etwas möglich ist, warum zweifeln wir so häufig an unseren Ideen, Träumen und Visionen? Sind sie nicht ebenfalls der Beginn einer großen Sache, die uns selbst übersteigt?

Es gilt, den zarten Aufbruch der Saat zu bemerken: hinschauen, hinhören und sich freuen über die Anzeichen von Wachstum und Entfaltung. Ich finde, das Gleiche gilt für persönliche Entwicklungen und Veränderungen, die wir für uns selbst in diesen Fastenwochen anstoßen. Freuen Sie sich über Ihre Samen und deren zarte Aufbrüche in der Zuversicht, dass etwas Großes daraus entstehen wird. Etwas, was diese sieben Wochen überdauert und Ihr Leben darüber hinaus erfüllt.

> **"** Allmählich nisteten sich Freude, Freunde und Fröhlichkeit wieder ein. **"**

Was konkret ist Ihnen in diesen Tagen schon gelungen? Welche Samen sind aufgegangen und lassen erstes Wachstum erahnen? Wo ist es schneller gegangen als gedacht und was verändert sich daraufhin noch? Im biblischen Text geht es nicht nur um Grünkraft, sondern um Lebenskraft. Es sammeln sich die Vögel und sie wohnen in den Zweigen. Wenn das kein lockendes Bild ist! Welche „bunten Vögel" wagen sich in Ihre Nähe, nachdem sich etwas wandelt? Was für Gespräche, Begegnungen und weite Horizonte stellen sich ein, wenn Sie Ihre kleinen Samen und deren Wachstum beobachten?

Ich erinnere mich an eine Frau im Coaching, die sehr zielstrebig daran ging, ihr Selbstwertgefühl neu aufzubauen. Sie wollte liebevoller mit sich sein, um freundlicher und klarer mit ihrer Familie und ihren Mitarbeitenden umzugehen. Sie brauchte viele kleine Anstöße, Reflexionen und Übungen dazu. Doch schließlich ging Saat auf: Sie empfand mehr Leichtigkeit im Umgang mit Fehlern, mehr Gelassenheit, wenn sich die Termine im Kalender häuften, und es wuchs ein Gefühl von Souveränität über die eigene Zeit, nachdem sie sich ein Ritual der Stille in der ersten Morgenstunde nach dem Aufstehen angewöhnt hatte.

Als sie wieder einmal unzufrieden mit sich selbst war und sich die Schuld gab für alles, was noch nicht gut genug lief, bat ich sie, sich Zeit zu nehmen, um die kleinen Pflänzchen zu bewundern, die trotz allem zu sehen waren. Das waren zwar keine Mammutbäume der Veränderung, doch der Wandel war unübersehbar, und sie konnte bemerken, dass die Kinder, ihr Partner und auch einige Freunde das Zusammensein mit ihr wieder viel mehr schätzten. Allmählich nisteten sich Freude, Freunde und Fröhlichkeit wieder in ihrem Leben ein.

Vielleicht ist heute der richtige Zeitpunkt, um in unserem eigenen Leben nachzuschauen und vor allem sich darüber zu freuen, was aus den kleinen Impulsen der Veränderung der letzten Wochen bereits entstanden ist.

Coaching-to-go-Tipps für Freude auf dem Weg der Veränderung:

- Königlich: Kennen Sie den alten Kanon „Froh zu sein bedarf es wenig"? Es ist ein einfacher, leicht eingängiger Text, der sich zu lernen lohnt und den Sie für sich oder mit anderen singen können, um sich froh wie ein König zu fühlen: „Froh zu sein bedarf es wenig, und wer froh ist, ist ein König!"

- Freude teilen: Rufen Sie heute eine Freundin, einen Freund an, dem Sie Anteil geben an dem, was in Ihrem Leben wachsen, was sich zum Guten wandeln soll und welche Samen Sie aufgehen sehen. Auch das kleinste Wachstum, die kleinste Veränderung zählt und ist es wert, begrüßt zu werden!

- Freude pur: Lesen Sie (einmal wieder) das Gedicht von Mascha Kaléko: „Sozusagen grundlos vergnügt". Ich empfehle es als Zunder für ein seelisches Freudenfeuer.

KLEINE LEUTE, GROSSES VERTRAUEN
Andreas Malessa

„Spätabends mit einem gefälschten Hausausweis in den Südturm vom World Trade Center in New York. Seine Freunde im Nordturm schießen frühmorgens mit Pfeil und Bogen von dort das Drahtseil zu ihm rüber und dann ..."

„Nine Eleven oder was?" Jannik versteht nicht, wovon die Väter auf dem Parkplatz der Grundschule reden. Am 11. September 2001 flogen doch zwei Flugzeuge in die Bürotürme von Manhattan. Der Terrorakt des Jahrhunderts.

„Nix Terror. Akrobatik! Philippe Petit, der französische Hochseilartist. Ist mit einer Balancierstange vierhundert Meter überm Abgrund von einem Hochhaus zum anderen spaziert, hin und her. Bis ihn die Polizei runterholte."

Jannik googelt. Tatsächlich: Philippe Petit. Am 7. August 1974, morgens um sieben Uhr. Es war neblig und nicht windstill.

„Das nenn ich mal großes Selbstvertrauen", nickt einer der drei Wartenden.

Vage erinnert sich Jannik, etwas Ähnliches schon mal gehört zu haben. Von einem Seiltänzer, der seinen Sohn in einer Schubkarre über den Abgrund balanciert hätte. „Ich hab keine Angst, es ist doch mein

Daddy", hätte der Junge gesagt. Fällt wahrscheinlich in die Rubrik „moderne Märchen". Wie die Vogelspinne in der Yuccapalme oder zigtausend rührselige Sensatiönchen im Internet. Aber ein Beispiel für grenzenloses Elternvertrauen wär's schon.

Jannik erzählt die Anekdote, um irgendwas zum Small Talk beizusteuern.

Die Männer plaudern über den großen Glauben der Kleinen und den kleinen der Großen –„Vertrauen ist gut, Kontrolle ist besser, sag ich immer. Du weißt ja nie, wem du deine Zwerge da anvertraut hast. Nicht mal, wenn's die Kirche ist." Da kurvt der Kleinbus mit den Kindern auf den Parkplatz. „CVJM Jungschar" steht auf den Seitentüren.

Eine Soundwelle Geschrei und Geschnatter ergießt sich nach draußen, gefolgt von zwei Handvoll aufgekratzter Jungen zwischen sieben und zehn, die mit Rucksäcken, Sporttaschen, Isomatten, Skateboards und undefinierbaren Holztrophäen in den Händen ihre Abholer suchen. Ende einer Ferienwoche „Abenteuercamp" im Zeltlager.

„Papaaaa! Ich hab eine Mut-Medaille gewonnen." Tamino rennt auf Jannik zu, beim Umarmen riecht er nach Schweiß, Qualm und Urin. Ohne Punkt und Komma sprudelt er los, von der Nachtwanderung als Steinzeitjäger, von Wettkämpfen im Schwimmbad und vom Liedersingen am Lagerfeuer.

Moni daheim im Hausflur kämpft mit den Tränen, dass ihr Großer so glücklich wieder da ist. Auszupacken gibt's viel. „Gewinn-Klimbim" nennt Jannik das. In die Wäsche muss wenig. Tamino trug offenbar Tag und Nacht dasselbe. Die Wechselunterwäsche liegt noch säuberlich gefaltet auf dem Grund der Tasche.

„Und was ist mit deinem Hemd passiert?"

„Wir hatten kein Backblech im Wald. Wir mussten aber auf irgendeiner Unterlage Teig machen fürs Stockbrot. Milch, Eier, Mehl, so Sachen."

„Männer können nicht alles, sind aber zu allem fähig", kichert Moni spätabends beim Absacker zu Jannik hinüber. Der blättert gerade die Infobroschüre durch, die er vor Monaten hätte lesen sollen, bevor sie ihren Sohn auf der Freizeit angemeldet hatten.

„‚Ich vertraue darauf, dass Jesus mir hilft, treu und ehrlich, fröhlich und zuverlässig, kameradschaftlich und dienstbereit zu sein', steht hier als einer der Leitsätze für die Kids. Meine Güte, sind die fromm. Wusstest du, welche Pfarrer oder Erzieher da mit den Jungs zelten gehen?"

„Ich schon. Ich war ja sogar beim Eltern-Info-Abend. Wo sich alle Betreuer vorgestellt haben. Dir war deren Vertrauenswürdigkeit egal, oder? Du hast nur den Termin abgenickt und die Kohle überwiesen."

„Das nennt man großes Gottvertrauen, Schatz", kontert Jannik.

Vor vielen Jahren zeigten mir die Brüder der Jesus-
bruderschaft auf dem Grundstück ihres Einkehrhau-
ses in Israel, auf der halben Strecke zwischen Tel Aviv
und Jerusalem gelegen, einen Senfbaum. Er war damals vielleicht drei Meter hoch und trug kleine, runde rote Früchte, in denen winzig kleine Samen steck-
ten, millimetergroß. Ich sammelte mir ein kleines
Töpfchen voller Samenkörner und nahm sie mit nach
Deutschland.

Einige Zeit später feierte ich in meiner Kirchengemeinde einen Familiengottesdienst über dieses
Gleichnis, in dem Jesus das Reich Gottes mit einem
Senfkorn vergleicht. Ich begrüßte die Gottesdienst-
besucher an der Kirchentür und schenkte jedem ein
Samenkorn: „Passen Sie gut darauf auf. Wir brauchen
das Samenkorn gleich für eine Aktion." Viele wun-
derten sich über die Größe: „Ist ja gar nicht so ein
rundes Kügelchen, wie wir sonst Senfkörner kennen."
Nein, der in Israel wachsende Senfbaum wächst nicht
als Staude, sondern als Baum, der zwei bis sieben Meter hoch aufragt, und bildet in den Früchten ganz
kleine Samen aus, ein bis zwei Millimeter groß. Dieser
große Baum steht im Gegensatz zu seinen kleinen
Samen.

Bevor wir im Gottesdienst das Gleichnis lasen, in dem Jesus das Reich Gottes mit dem Samen eines Senfbaumes vergleicht, bat ich die Besucher, Kinder wie Erwachsene: „Jetzt legen bitte alle das am Eingang erhaltene Senfkorn auf einen ihrer Finger und schauen es sich an!" Wir lasen die beiden Verse. „Ganz spontan: Was fällt euch, was fällt Ihnen ein, wenn ihr hört, dass aus so einem kleinen Samen das Reich Gottes wächst?" Die meisten entrüsteten sich: Der Same sei so klein, sie hätten ihn verloren. Man könne einen so kleinen Samen gar nicht in der Hand verwahren.

> **Aus den allerkleinsten Anfängen wächst unaufhaltsam das Gottesreich.**

Aus den allerkleinsten Anfängen wächst unaufhaltsam das Gottesreich. Man mag es gar nicht glauben, dass aus etwas so Kleinem einmal etwas so Großes wird. Aber aus dem kleinen Samenkorn wird Gottes machtvolles Reich. Das Ende macht den Anfang so wertvoll. Wer einen noch so kleinen Beginn eines liebevollen Lebens, das Gott gefällt, erlebt, darf sich freuen auf das Reich Gottes, das einmal alle Welt erfüllen wird. Aber wirklich: Wir müssen aufpassen, dass wir die kleinen Anfänge nicht verlieren.

MATILDAS REISE
Margot Käßmann

Meine Freundin hatte auf einer Gartenausstellung die Rosensorte mit Namen „Matilda" entdeckt. Sie freute sich, weil sie wusste: Kurz zuvor hatte meine Enkeltochter mit diesem Namen das Licht dieser Welt erblickt. Spontan kaufte sie drei Stauden, weil sie wusste, dass ich am nächsten Tag mit dem Zug durch Hannover fahre. So stand sie tatsächlich auf dem Bahnsteig und übergab mir die gut verpackten Pflanzen. Ich war aber gar nicht wie vermutet auf der Fahrt nach Usedom, sondern in die entgegengesetzte Richtung unterwegs. Über Umwege übergab ich die drei Matildas der Schwiegermutter meiner Tochter, einer erfahrenen Gärtnerin. Die hütete sie, bis meine Tochter sie auf dem Weg in die Ferien mit nach Usedom brachte. Ich habe bezweifelt, dass die Pflänzchen all das Hin und Her überstehen würden.

Als die drei Matildas endlich ihr Ziel erreicht hatten, sagte der Nachbar: Das wird hier nichts mit Rosen bei dem Sandboden! Da sie all das mitgemacht hatten und ganz tapfer aussahen, hat mich der Pessimismus herausgefordert. Ich bin keine große Gärtnerin, aber ich habe den drei kleinen Matildas Mutterboden verschafft, sie gehegt und gepflegt. Und siehe da, sie haben es geschafft! Jedes Mal, wenn ich zum Ferienhäuschen komme, begrüßen sie mich. Und ich schaue die drei blühenden und gedeihenden Matildas an, muss lächeln und freue mich riesig über sie. Dann schicke ich ein Whatsapp-Foto an die Freundin in Hannover. Ohne Worte weiß ich, dass sie sich mitfreut.

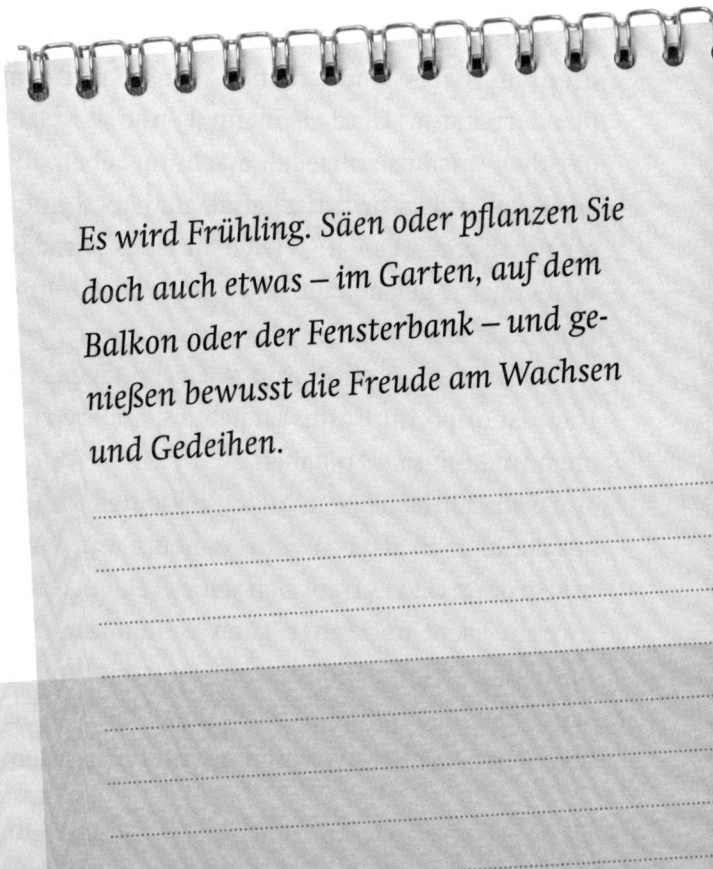

Es wird Frühling. Säen oder pflanzen Sie doch auch etwas – im Garten, auf dem Balkon oder der Fensterbank – und genießen bewusst die Freude am Wachsen und Gedeihen.

Petra Schulze

„Ich brauche nichts Großes, keinen Luxus, keine Reisen. Ich schaffe es, jeden Tag etwas aus meinem Alltag rauszuziehen, das mir Freude macht. Ob es das Buch ist, das auf mich wartet, wenn ich am Nachmittag ein bisschen lese. Oder die Serie, die ich gucke. Oder ich freue mich, dass ich morgens wieder aufgewacht bin. Dass mein Mann da ist. Oder wenn ich meine Runde draußen mache und jemanden treffe, mit dem ich plaudern kann." Gerda ist neunzig und wir plaudern darüber, was uns zufrieden macht im Leben. Kleiner ist sie geworden, sie misst gerade mal noch einen Meter fünfzig, denke ich. „Vielleicht ist es das, dass ich immer gerne gelebt habe und immer noch sehr gerne lebe", sagt sie.

Ich brauche nichts Großes. Gerne leben. Gerdas Haus ist offen für Gäste. Sie liebt es, andere zu bekochen und um sich zu haben.

Leben. Einfach leben. Aus dem kleinen Samen und aus der kleinen Eizelle wächst es heran und wird groß und größer. Und es freut sich seines Lebens. Singt und springt. Lacht und tanzt. Lässt Seifenblasen fliegen und putzt kleine Rotznasen. Sportelt und lernt. Schneidet die Rosen und feiert einen beruflichen Erfolg. Betrauert, was verloren ist, und bietet dem Unglück die Stirn. Tanzt bis zum Morgengrauen und teilt die Freude aus. Im Bratapfel an einem kalten Wintertag und im Käsebrot für die Schule. Mit Know-how und Teamgeist im Beruf. Mit einem Anruf – „Sag, wie geht es dir?" – oder mit einem kleinen Spaziergang zum Plaudern. Mit einer Whatsapp an die Freundin.

Klein, aber oho. Das ist der Himmel auf Erden.

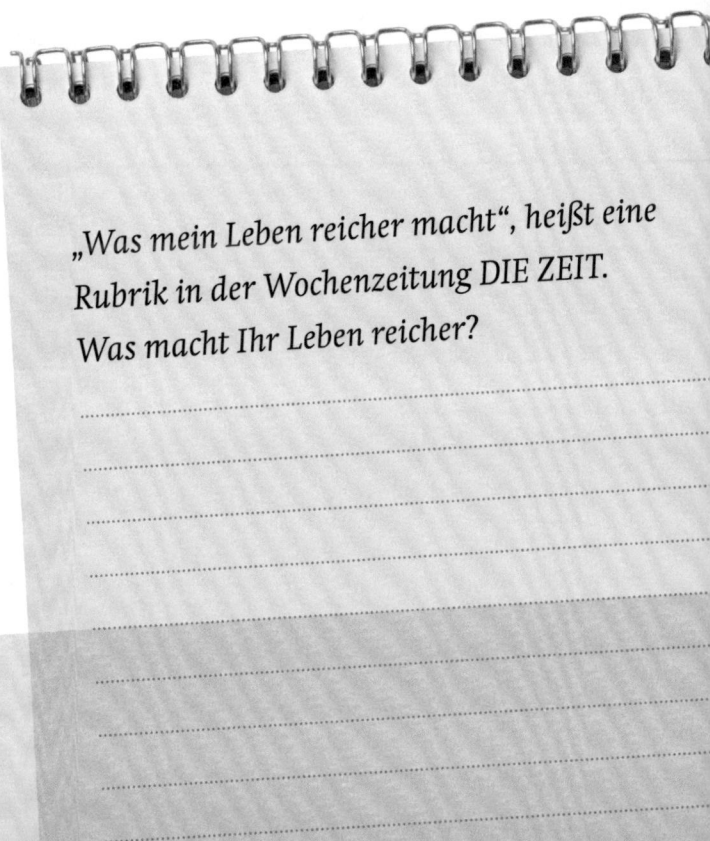

„Was mein Leben reicher macht", heißt eine Rubrik in der Wochenzeitung DIE ZEIT. Was macht Ihr Leben reicher?

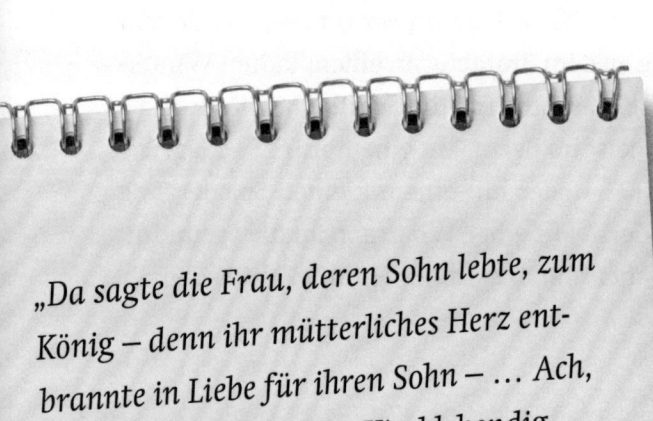

„Da sagte die Frau, deren Sohn lebte, zum König – denn ihr mütterliches Herz entbrannte in Liebe für ihren Sohn – … Ach, mein Herr, gebt ihr das Kind lebendig und tötet es nicht!"

Knoten lösen / 5

Zu der Zeit kamen zwei Huren zum König und traten vor ihn. Und die eine Frau sprach: Ach, mein Herr, ich und diese Frau wohnten im selben Hause, und ich gebar bei ihr im Hause. Und drei Tage nachdem ich geboren hatte, gebar auch sie. Und wir waren beieinander, und kein Fremder war mit uns im Hause, nur wir beide. Und der Sohn dieser Frau starb in der Nacht; denn sie hatte ihn im Schlaf erdrückt. Und sie stand in der Nacht auf und nahm meinen Sohn von meiner Seite, als deine Magd schlief, und legte ihn in ihren Arm, und ihren toten Sohn legte sie in meinen Arm. Und als ich des Morgens aufstand, um meinen Sohn zu stillen, siehe, da war er tot. Aber am Morgen sah ich ihn genau an, und siehe, es war nicht mein Sohn, den ich geboren hatte. Die andere Frau sprach: Nein, mein Sohn lebt, doch dein Sohn ist tot. Jene aber sprach: Nein, dein Sohn ist tot, doch mein Sohn lebt. Und so redeten sie vor dem König.

Und der König sprach: Diese spricht: Mein Sohn lebt, doch dein Sohn ist tot. Jene spricht: Nein, dein Sohn ist tot, doch mein Sohn lebt. Und der König sprach: Holt mir ein Schwert! Und als das Schwert vor den König gebracht wurde, sprach der König: Teilt das lebendige Kind in zwei Teile und gebt dieser die Hälfte und jener die Hälfte.

Da sagte die Frau, deren Sohn lebte, zum König – denn ihr mütterliches Herz entbrannte in Liebe für ihren Sohn – … Ach, mein Herr, gebt ihr das Kind lebendig und tötet es nicht! Jene aber sprach: Es sei weder mein noch dein; lasst es teilen! Da antwortete der König und sprach: Gebt dieser das Kind lebendig und tötet's nicht; die ist seine Mutter.

Und ganz Israel hörte von dem Urteil, das der König gefällt hatte, und sie fürchteten den König; denn sie sahen, dass die Weisheit Gottes in ihm war, Gericht zu halten.

1. Könige 3,16–28

Knoten lösen

Susanne Breit-Keßler

BIBLISCHE MINIATUR
ZU 1. KÖNIGE 3,16–28

Weisheit ist nötig für ein gutes Leben. Salomo als Inbegriff der Weisheit hatte, so berichtet die Heilige Schrift, „ein hörfähiges Herz, damit er das Volk richten könne und verstehen, was gut und böse ist" (1. Könige 3,9). Handeln muss gerecht sein. Es braucht Sensibilität für das, was Menschen umtreibt, zugleich aber auch Verstand für das, was ethisch, politisch und rechtlich geboten ist. Offen und öffentlich. „Sie sahen, dass die Weisheit Gottes in ihrem König war." Es war zu sehen! Je schwerwiegender Entscheidungen sind, desto mehr sind sie auf die Nachvollziehbarkeit ihrer Motive und Ziele angewiesen.

Aus der Geschichte vom salomonischen Urteil kann man lernen, wie unverzichtbar ehrliche Streitkultur ist. Salomo hat in der verfahrenen Situation keinen fertigen Urteilsspruch in der Tasche, sondern beweist echtes Interesse. Er nimmt sich Zeit, macht sich ein Bild von den Beteiligten. Die Klägerinnen haben einen ausgesprochen schlechten Leumund. Sie stehen am äußersten Rand der Gesellschaft. Die Weisheit Salomos zeigt sich in seiner Aufmerksamkeit dafür, dass es in dem Streit gar nicht primär um die Forderungen der Frauen, um ihre Authentizität geht. Es geht um viel mehr, nämlich um das Leben des Kindes.

Mitten im Stillstand frappiert Salomo die Frauen mit dem Vorschlag, das Kind in zwei Teile zu teilen. Umso überraschender ist das Urteil des Königs. Was ist euch wirklich wichtig? Ist es das eigene Interesse, das ihr um jeden Preis sichern wollt? Oder gibt es jenseits von euch selbst, unabhängig von eurem Durchsetzungswillen, noch etwas, das wertvoller ist und wofür ihr auch Verzicht üben und euch selbst zurücknehmen könnt? Die Aussicht, dass der furchtbare Richtspruch des Königs exekutiert werden könnte, stellt die Frauen unausweichlich vor eine Aufgabe. Sie müssen zu erkennen geben, wofür sie einstehen.

Das salomonische Urteil bringt die Wahrheit ans Licht. Die eine Frau räumt ein, dass das Leben des Kindes kostbarer ist als die eigene Sehnsucht nach Genugtuung. Die andere Frau zeigt sich hart und indolent. Sie bleibt ihrer Forderung und sich treu, koste es, was es wolle. Wer verbissen nur für sich selbst eintritt, der kann nicht für andere Verantwortung übernehmen. Laut der Heiligen Schrift orientiert sich die Weisheit im Stillstand an dem, woran unser Herz hängt. Das Herz der wahren Mutter „entbrannte in Liebe für ihren Sohn". Die entscheidende Qualifikation eines weisen Menschen ist Leidenschaft für das Leben, das einem anvertraut ist.

> **Entscheidend ist die Leidenschaft für das Leben.**

Auswege aus dem Stillstand: Die lassen sich mit Gottes Hilfe finden. Er schenkt uns Klarheit, Kraft und Zuversicht. Klarheit, damit wir liebevoll danach fragen, was dem Schutz des Lebens dient. Kraft, damit wir uns keinesfalls von jenen entmutigen oder gar anstecken lassen, die mit Hass und Hetze durchs Land ziehen und Kapital schlagen aus Ängsten und Sorgen. Gott schenkt auch fröhliche Zuversicht! Weil wir nicht aufgrund von Härte und Durchsetzungsstärke, sondern allein aus Gnaden gerechtfertigt und zur Verantwortung berufen sind. Stillstand braucht Bewegung. Und Gott macht geistig mobil.

LOSLASSEN
Christiane Birgden

Eine schreckliche Geschichte von egoistischer Liebe. Zwei Frauen zanken um ein Neugeborenes, es gibt keine Zeugen, die uns bei der Klärung der Frage helfen könnten, wer die wahre Mutter ist. Was heißt hier überhaupt wahre Mutter? Es ist klar, dass er hier um mehr geht als die biologische Abstammung. Auch ein DNA-Test hätte an dieser Stelle nicht weitergeholfen. Hier geht es um die Frage, was ist wahre Elternschaft?

Ich habe die Geschichte oft gelesen. Ich bewunderte Salomons Weisheit. Jetzt bin ich selbst Mutter und frage mich: Wo stehe ich? Bin ich die Frau, die bereit ist, für ihre eigenen Bedürfnisse ihr Kind zu opfern, oder bin ich die, die um des Kindes willen bereit ist, mit ihren eigenen Bedürfnissen zurückzutreten? Liebe Eltern, keine vorschnellen Antworten bitte! Wenn wir unser Neugeborenes im Arm halten, hoffen wir, dass wir nie in eine Situation wie diese geraten. Und wir rechnen auch nicht damit, weil wir alles tun, damit das nicht passiert. Doch dann nimmt das Leben seinen Lauf und Wendungen, die wir nie für möglich gehalten hätten.

Ich denke an den Vater, der seinem Sohn nicht die Tür aufmacht, der am Tisch sitzt, den Kopf in den Händen versenkt, während der Sohn Sturm klingelt und heftigst an der Tür klopft. Weil der Sohn drogenabhängig ist, weil er ihn um Geld fragen wird, weil er das Geld umgehend zu seinem Dealer bringen wird, um den Stoff zu bekommen, der ihn umbringt. Was für ein Kampf, was für eine Liebe, ihm die Bitte zu verwehren. Was für ein Kampf gegen das eigene Herz und Gefühl.

Es heißt immer, dass wir irgendwann unsere Kinder loslassen müssen. Loslassen, um Leben zu ermöglichen. Das klingt so leicht, so richtig. Auch in dieser Geschichte. Aber es ist wider unseren Instinkt. Wenn wir uns also fragen, auf welcher Seite wir stehen, welche der beiden Mütter wir sind, glaube ich, dass wir etwas von beiden Müttern in uns tragen. Bei aller Liebe sind wir nicht selbstlos – und das ist auch okay.

Unsere Erzählung steht in einem Kontext. Im vorangehenden Kapitel bittet der noch junge König Salomo Gott um ein hörendes Herz. Die nachfolgende Erzählung vom sogenannten salomonischen Urteil beweist, dass seine Bitte erhört wurde. Auch wir sollten Gott immer wieder um ein hörendes Herz bitten. Immer wieder. Das gilt es buchstäblich einzuüben. Gerade in schwierigen Situationen. Gerade dann, wenn es unübersichtlich wird. Gerade dann, wenn uns das Herz schwer wird. Weil Gott uns hilft, an der Welt nicht irre zu werden.

AM LIEBSTEN DREINSCHLAGEN

Andreas Malessa

„Erklär's mir! Jetzt!" Das ist die gereizte Version von Janniks Frage. Die sanfte Fassung geht so: „Was bedrückt dich, Schatz? Sag doch was."

Moni war tagsüber dünnhäutig, ging abends schweigsam seufzend zu Bett, warf sich im Schlaf hin und her, wachte früher als nötig auf, ohne Wecker.

„Der Konflikt ist viel zu verworren zum Erzählen", brummte sie jedes Mal. Heute vorm Einschlafen versucht die gestresste Architektin es dann doch:

„Entkernung und Umbau der Alten Mühle, ein Drei-Millionen-Ding."

„Das Edelprojekt am Altstadtring, ja, kenn ich. Dein ganz persönliches Baby." Jannik richtet sich neugierig im Bett auf.

„Bauherr ist eine alte Unternehmerwitwe. Mein Entwurf ..."

„... sagt man das noch so? Bauherr?" Monis Mann plädiert selten fürs Gendern.

„... ist von der Stadt und vom Denkmalschutz genehmigt worden."

„Glückwunsch! Dann schauen am Ende zehn Prozent der Bausumme für uns raus!"

„Ja, aber in dem alten Wohnhaus daneben haben die Nachbarn Einspruch erhoben."

„Na und? Den wird die Stadt zurückweisen, wenn sie 'ne neue Alte Mühle will."

„Dachte ich auch. Die Querköpfe berufen sich aber auf § 34 Bundesbaugesetz, Nachbarschaftseinspruch bei Altbausanierung. Kann nicht abgewiesen werden."

„Dann ist das wohl Pech für die Bauherrin."

„Ich hab neun Monate dran gewerkelt!"

„Trotzdem ist das Projekt tot. Schade. Aber dein Honorar für den Entwurf ist ja auch dann im Sack, wenn nicht gebaut wird, oder?"

„Es wird aber gebaut, Jannik, es wird!" Moni hat einen Kloß im Hals, während sie weiterredet: „Die Auftraggeberin und einer von der Stadtverwaltung gehen sonntags in dieselbe Kirchengemeinde."

„Ach nee. Worüber man nach dem Gottesdienst so alles plaudert ..."

„Eben. Beide haben die bockigen Nachbarn dazu gebracht, ihren Einspruch zurückzuziehen und einem geänderten Entwurf zuzustimmen!"

„Na prima. Noch 'n Entwurf!"

„Nicht für mich, das ist doch die Sauerei! Den lässt sie jetzt von einer Bauplanungs-GmbH anfertigen, meiner Konkurrenz."

Moni hat ein Glas Wasser vom Nachttisch so energisch zum Mund geführt und halb geleert, dass sie sich bekleckert und verschluckt. „Weil die das billigere Angebot gemacht haben. Aber deren Pläne sind zu achtzig Prozent identisch mit meinen!"

Sie hustet, stellt das Glas weg und zupft am nassen Fleck ihres Nachthemds.

Jannik ist schlagartig so empört wie Moni es schon seit Tagen ist.

„Das ist Copyright-Diebstahl!" Ein Riesenumsatz in den nächsten zwei, drei Jahren verdunstet gerade vor seinem inneren Auge.

„Ideenklau gilt in der Branche als Kavaliersdelikt. Ist fast nie rechtswirksam anfechtbar. Soll ich dem verlorenen Geld jetzt noch Anwaltskosten hinterherwerfen? Nee." Sie dreht sich zur Wand und zieht die Bettdecke ans Kinn. „Die Alte Mühle ist nicht mehr mein Baby. Den salomonischen Knoten löst keiner."

„Es heißt ‚gordischer Knoten', Schatz. Alexander der Große, griechischer Feldherr, durchtrennte einen unentwirrbaren Knoten in Gordium mit einem Schwerthieb. Salomo der Weise, israelischer König, schlug vor, ein Baby per Schwerthieb zu durchtrennen."

Moni ist wieder hellwach. „Und wieso heißt dieser Sadist dann ‚Salomo der Weise'?"

„Weil zwei Frauen beanspruchten, die rechtmäßige Mutter des Kindes zu sein. Salomo sprach es derjenigen zu, die bereit war, ihr Baby abzugeben. Die es lieber bei einer Adoptivmutter aufwachsen lassen wollte, als es sterben zu sehen."

„Soll heißen: Wahre Muttis können loslassen, oder was?"

„Wahrscheinlich, ja. Muss man aber lebenslang üben."

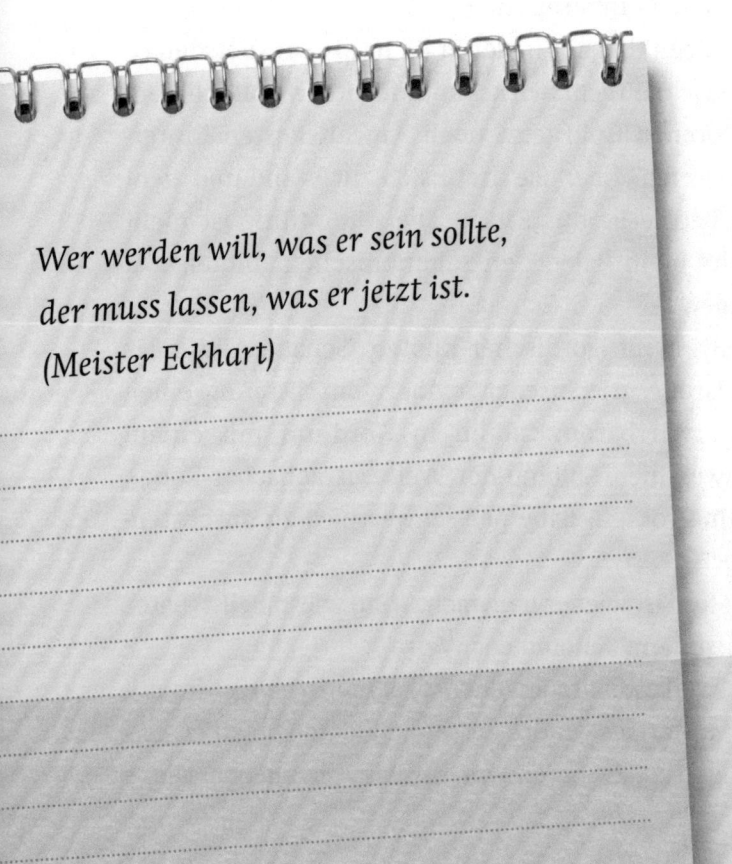

Wer werden will, was er sein sollte,
der muss lassen, was er jetzt ist.
(Meister Eckhart)

DER LIEBE AUF DER SPUR
Kirsten Fehrs

Es hat so gut angefangen. Zwei neugeborene Kinder. Alles ist möglich. Noch keine Chance verpasst, noch kein Talent verschüttet. Keine Rede von Stillstand, stattdessen: Aufbruch, Wachsen, Großwerden! Hoffnung auf zwei Beinen, die das Laufen lernen werden – und wer weiß, wohin sie laufen. Die Zukunft strahlt dir ins Gesicht.

Doch dann stirbt eins der Kinder. Kein Strahlen mehr, keine Chance, keine Zukunft. Unaushaltbar. Niemand will das erleben. Auch die beiden Frauen nicht. Sie wehren sich gegen die Trostlosigkeit, streiten und kämpfen um das verbliebene Kind. Beide ziehen und zerren, so wird der Knoten immer fester. Der König soll es richten.

Salomo ist weise. Er weiß: Das Leben steht still, wenn Menschen festhalten. Nichts entfaltet sich, wenn alles festgefahren ist. Wer Kinder besitzen will, bringt sie um ihr Leben. Wer liebt, lässt los. So kommt der König der liebenden Mutter auf die Spur. Er löst den Knoten, indem er hinter Bitterkeit und Verbissenheit die Liebe zum Leben freilegt.

Worum kämpfe ich? Was ist festgefahren? Was muss ich loslassen, damit es sich lösen kann? Wer könnte den Anstoß dazu geben?

Koten lösen – konkret
Beate Hofmann

Geld oder Leben? Hat Ihnen schon mal jemand ernst-
haft diese Frage gestellt? Ich vermute nicht, denn eigentlich ist es eine Frage, die wir aus dem Kino, aus
einem der alten Western kennen. Mit unserem Erleben hat sie wenig zu tun. Wir haben in der Regel
beides, die einen etwas mehr Geld und Lebensfreude,
andere etwas weniger.

Doch wenn man sich entscheiden muss, dann wird
es schwierig. Wie würden Sie sich entscheiden? Ist
Ihnen Ihre Entscheidungsfreiheit, Ihre zeitliche Souveränität, Ihre Gesundheit oder die Liebe wichtiger
als Sicherheit, als berechenbare, tariflich abgesicher-
te Einkünfte, als Ihr Status im Bekanntenkreis, als
Ihre Rentenanwartschaft oder die Aktiendepots?
Theoretisch lässt sich darüber prima philosophieren.
Wenn es praktisch wird, dann wird es gleich ernst
und weniger lustig.

Wir haben uns tatsächlich diese konkrete Frage
gestellt vor etlichen Jahren. Damals saßen mein Mann
und ich auf einer Parkbank im Tiergarten in Berlin
und fühlten uns in einer ausweglosen Situation. Es
gab einfach keine Lösung, soviel wir auch nachdach-

ten. Unser Traum von einem Auszeitjahr als Familie scheiterte an den Rahmenbedingungen. Entweder war der Arbeitgeber dagegen oder es bekam nur einer von uns die Möglichkeit oder wir bekamen zwar eine Freistellung, aber die war so kurz, dass sie mit den Erfordernissen einer Familie mit Schulkind nicht kompatibel schien. Wir konnten es drehen und wenden – es gab keine zufriedenstellende Lösung. Und das macht hilflos.

Wortlos saßen wir am Ende einer monatelangen Recherche in der gedanklichen Sackgasse auf der Parkbank, als ich plötzlich sagte: „Und was, wenn wir auf alle Sicherheiten pfeifen und beide kündigen?" Ich weiß nicht mehr, wie ich darauf kam, aber ich weiß noch, wie ich reagierte. Wie plötzlich die Tränen der Erleichterung rollten. Wie innere Freude das Herz schneller schlagen ließ über den Weg, der sich auf einmal zeigte. Wie es mir egal war, was andere davon halten würden und ob ich nach der Kündigung wieder eine Anstellung finde. Ich spürte bis in die letzte Pore, wir hatten in diesem Moment das Leben gewählt. Diese Freude und Zufriedenheit hält an. Auch viele Jahre später noch bin ich glücklich über unsere verrückte Entscheidung für die Auszeit als Familie in der kana-

> **Was ist wichtiger: Sicherheit oder Freiheit?**

dischen Wildnis. Heute wäre sie unter den veränderten Bedingungen der Welt und mit der Pandemie wohl nicht mehr auf diese Weise umsetzbar.

Paradoxe Intervention nennen es Psychologen und Coaches, wenn eine verzwickte, festgefahrene Sichtweise erschüttert wird, indem man überraschend anders reagiert und Erwartungen damit durchkreuzt. Indem wir nicht mehr nach einer sicheren Lösung suchten, sondern die Ungewissheit bejahen konnten, wurde plötzlich ein Weg möglich.

Auch König Salomon nutzt diese überraschende Intervention. Er lässt sich nicht auf die Ebene und den Streit der Frauen herab. Es ist mit herkömmlichen Fragen nicht herauszufinden, wer recht hat. Der König stellt die Frage nach Geld oder Leben, nach dem, worum es letztlich geht auf komplett andere Weise. Er provoziert die Frauen, indem er das Leben des Kindes riskiert, und setzt darauf, dass sich wahre Mutterliebe in der Extremsituation zeigen wird. Eine so schockierende Idee, dass sie die Wende einleitet. Manchmal kommen festgefahrene Situationen nur unter außergewöhnlichen Bedingungen in Bewegung. Doch eines ist dabei bemerkenswert und aus meiner Sicht eine wesentliche Voraussetzung für das Gelingen. Salomon agiert als ein Mensch, dem Weisheit wichtiger ist, als recht zu haben, als Status oder Ansehen zu wahren. Immerhin hat er als junger König diese

Wahl getroffen, und ich wage zu behaupten, dass es eine göttliche Weisheit ist, die hier zum Vorschein kommt.

Immer dann, wenn wir Knoten in unserer Kommunikation oder in unseren verschlungenen Lebenswegen nicht mehr lösen können, dann lohnt es sich, loszulassen und sich der größeren Lösungskompetenz Gottes anzuvertrauen. Ich jedenfalls habe es so erlebt und ich wage es, auch andere dazu zu ermutigen. Die Geschichte von Salomo und den Frauen ist eine von vielen Geschichten, die dafür sprechen.

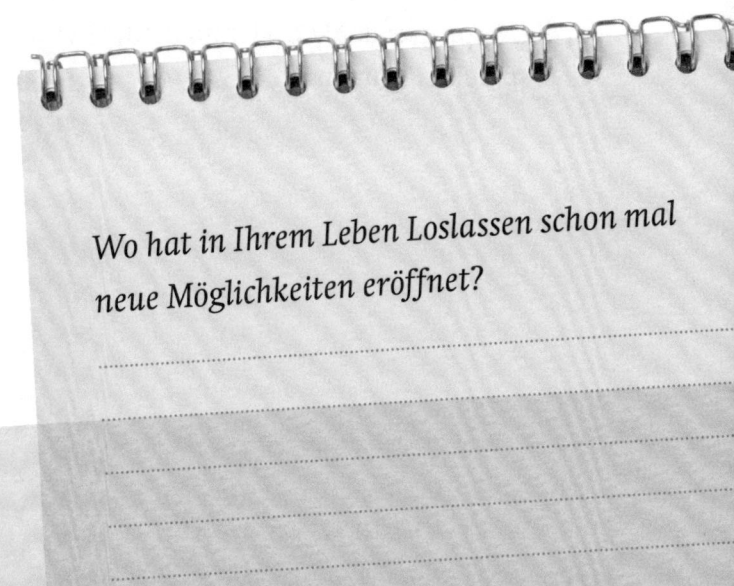

Wo hat in Ihrem Leben Loslassen schon mal neue Möglichkeiten eröffnet?

Coaching-to-go-Tipps für „salomonisches Lösungsvermögen":

- 1. Ziehen Sie sich vor einem Konfliktgespräch bewusst zurück in die Stille und ins Gebet. Seien Sie selbst in Ihrer Mitte, indem Sie um Gottes Weisheit, Gelassenheit und Präsenz bitten.
- 2. Manchmal kann man Knoten nicht allein und nicht im üblichen Setting lösen. Daher ist schon der Ortswechsel hilfreich oder auch das Hinzuziehen einer Seelsorgerin, eines Mediatoren oder guter Freunde. Wenn Sie ein großes Thema in Ihrem Leben bewegen und lösen wollen, empfehle ich Ihnen, auf eine Berghütte, in eine kleine Wallfahrtskapelle oder an einen Platz zu gehen, wo Sie ungestört von äußeren Einflüssen mit möglichst weitem Blick in die Natur nachdenken oder mit anderen und mit Gott sprechen können.

DIE BRETTER, DIE DIE PANNE BEDEUTEN
Christian Engels

Ich kam auf die Bühne in Shakespeares „Was ihr wollt." Meine Rolle war klein und hatte nicht viel Text, also hatte ich mich nicht viel damit befasst. Ich zog mein Schwert. Und die Klinge flog in die Luft, in den Zuschauerraum hinein. Wir hatten wohl an der falschen Stelle gespart. Den Rest des Abends fuchtelte ich planlos mit dem Griff ohne Klinge herum. Ich war furchtbar. Ich hatte nicht genug geübt, um mit dieser Panne umzugehen.

Ein paar Jahre später probten wir ein anderes Stück; über ein Jahr lang, sodass ich anfing, jeden Moment darin zu hassen. Während der Premiere fiel ein Stück des Bühnenbilds um, es knallte auf uns herunter. Wir konnten es gerade noch aufhalten, spielten weiter und das Publikum merkte nichts. Was ausschließlich daran lag, dass wir ausführlich geprobt hatten.

Seitdem ist mir klargeworden, warum man probt, trainiert oder übt. In erster Linie, um etwas zu können, wie Hürdenlauf, Englischvokabeln oder den Hummelflug von Rimski-Korsakov. Aber das reicht nicht. Wenn man richtig übt, kann man auch damit umgehen, dass etwas Unvorhergesehenes passiert. Man kann von dem abweichen, was man geübt hat.

Und das ist wichtig. „Deine Hände sind wie Hunde und gehen nur zu den Orten, die sie kennen. Du musst ihnen ihre Gewohnheiten abgewöhnen, sonst entdeckst du nichts", sagt Tom Waits über das Musizieren. Für mich ist das Ziel jeder Übung, kreativ zu werden. Denn mit Kreativität lassen sich Probleme und Pannen im Leben am besten bewältigen, die Knoten, die den Weg versperren.

Das zeigt sich auch in der Geschichte von Salomons Entscheidung im Streit um das Kind. Ich finde diese Geschichte furchtbar, weil mir schon der Gedanke an Gewalt gegen Kinder unerträglich ist. Aber was Salomo zeigt, ist ein kreativer Umgang mit der Rechtsprechung. Er kann den Knoten lösen und das Recht ausüben, weil er das Recht geübt hat.

Diese Art von Übung kann für alle Bereiche unseres Lebens funktionieren. Wie zeige ich meine Zuneigung? Wie arbeite ich am besten? Wie gehe ich mit den schwierigen und scheinbar unlösbaren Themen des Lebens um, etwa Trennung und Tod? Wie gehe ich damit um, dass plötzlich etwas wegfliegt oder auf mich herunterknallt? „Bereit sein ist alles", sagt Hamlet. Wenn ich bereit bin, kann ich kreativ reagieren. Ich kann sehen, wie ich die Knoten in meinem Leben umgehe. Und ich kann sehen, welche Knoten ich sogar brauche, weil sie das Netz zusammenhalten, das mich trägt.

Stille / 6

Maria aber behielt alle diese Worte und bewegte sie in ihrem Herzen.

Lukas 2,19

Stille

Susanne Breit-Keßler

BIBLISCHE MINIATUR
ZU LUKAS 2,19

Üben geht meist mit Aktion, Geräusch und Geruch
einher. Jemand schwitzt bei Sit-ups im Wohnzimmer
oder keucht auf Parkwegen beim Jogging vor sich hin.
Eine andere kratzt mit dem Bogen über die Violine
oder trötet mit der Posaune das ganze Haus zusammen. Üben ist anstrengend – für einen selbst und für
alle anderen, die nolens volens daran Anteil haben.
Wer nicht irgendwie akustische, optische und olfak-
torische Spuren des Übens hinterlässt, der tut nicht
wirklich was. Meint man.

Von Maria, der Mutter Jesu heißt es: „Maria aber
behielt alle diese Worte und bewegte sie in ihrem
Herzen." Ein Satz – und ganze Welten tun sich auf.
Maria, die hochschwanger von Nazareth nach Beth-

lehem gewankt ist und dort samt Josef verzweifelt nach einer Unterkunft gesucht hat. Die schließlich im Stall ihren ersten Sohn geboren hat. Kaum war der auf der Welt, rumpelten die Hirten herein, alarmiert von einem Engel. Geübt hat das keiner. Sie haben alle mit Feuereifer gemacht und getan.

Maria aber. Dieses kleine, feine „aber" – es drückt etwas Unerwartetes aus. Die Mutter des Gottessohnes palavert nicht mit – weder mit den himmlischen Heerscharen, die vor globaler Begeisterung beinahe platzen, noch mit den Hirten, die die ungeheure Zuwendung Gottes zu den Ärmsten der Armen gar nicht fassen können. Ihnen ist der Heiland geboren! So was! Maria hätte viel dazu sagen können: Wie es passiert ist, wie sie sich gerade fühlt und was sie vorhat.

Maria aber. Das ist eine geistvolle Einschränkung der lärmenden, aufgeregten Kulisse. Und zugleich verstärkt dieses „aber" die spirituelle Übung Marias. Denn nichts anderes tut sie: Die von Gott und dem Leben völlig überraschte, manchmal auch überforderte Frau übt sich ein in das, was nun ihr Dasein bestimmt. Aber nicht im Stillstand. Seelische Herausforderungen bedeuten immer eine Menge Arbeit. Und diese Arbeit verlangt nach innerer Ruhe. Innehalten und Vorankommen gehen in eins.

Maria behält, was sie erfahren und erlebt hat. Sie bewegt es in ihrem Herzen. Der Schriftsteller Friedrich Hölderlin hat gesagt: „Wie der Sternenhimmel bin ich still und bewegt." Maria: zufriedenes, schweigsam-aktives Befinden in der Dunkelheit, Harmonie zwischen Geist, Natur und der göttlichen Macht. Der Rabatz außen herum stört nicht. Denn Lebensgeräusche sind notwendig und beruhigend, soll das Gefühl für die Gewähr der eigenen Existenz sich einigermaßen selbstverständlich einstellen.

Elia, legendärer Prophet Israels, wartet auf eine Gottesbegegnung. Ein Wind, der „die Berge zerriss und die Felsen zerbrach", bringt sie ebenso wenig wie nachfolgendes Erdbeben und Flammenmeer. Die Begegnung mit dem Ursprung des Lebens findet statt, als ein „stilles, sanftes Sausen" eintritt. Lautlose Stille macht Angst, weil man in ihr die völlige Abwesenheit vom Dasein erahnt, den Tod. Ein stilles, sanftes Sausen dagegen ist mittendrin, ist Leben zwischen leerem Nichts und lärmender Leere.

Stille ist, wenn sich die eingekrampfte, zerknitterte Seele ausbreitet, der flache Atem tief und ruhig wird. Stille ist Für-sich-Sein, vielleicht in der Erinnerung an Urgefühle sich einkuscheln und inneren Frieden aufkommen lassen. Nichts tun, nichts weiterdenken. Sein, da sein, für sich sein. Wie Maria behalten, was man gesehen und gehört, gefühlt, gerochen und geschmeckt hat an Leben. Und es mal nicht im Kopf herumwälzen, sondern im Herzen bewegen.

Hunde machen das jeden Tag. Sie führen ihr Herrchen oder Frauchen, wie man früher sagte (genderneutral muss es natürlich „ihr Persönchen" heißen), an einer Leine um den Block oder ins Grüne. Wer da wen führt, ist offensichtlich: der Hund immer voraus. Umgangssprachlich sagt man, sie „gehen Gassi".

Was aber machen die Menschen, während ihre Hunde machen?

Viele telefonieren. Manche reden ihrem Tier gut zu. Einige denken. Sie denken nach. Oder sich was Neues aus. Dass sie tief in Gedanken versunken, ja, geradezu in Gedanken verloren sind, ist offensichtlich: Niedrige Fahrradständer, Hecken, Treppen, Mülleimer, rote Fußgängerampeln, sogar Litfaßsäulen – lauter Überraschungen wecken sie wie aus einer Trance.

Moni macht das nur alle paar Wochen. Ganz alleine spazieren gehen. Hundelos, kinderlos, herrenlos. Einfach so, erst um den Block und dann in den Grüngürtel der Stadt. Überrascht wird sie dabei nur von der rasant sich verändernden Natur, so selten, wie sie hier rauskommt: Krokusse und Weidenkätzchen im März, Wiesenblumen im Mai, herbstbraune Blätter im August. Klimabeschleunigung eben. Sie staunt und kann dabei tief eindenken und ruhig ausdenken.

Moni denkt nach über das, was ihr „Coach" gesagt hat. Das ist eine Frau, die ihr alle vierzehn Tage fünfundvierzig Minuten zuhört und Tipps gibt, Lebenstipps.

Gegen Geld, ja, aber wahrscheinlich weniger, als eine „richtige" Therapeutin genommen hätte. Moni ist ja nicht seelisch krank, nur halt oft gestresst und manchmal ratlos. Außerdem haben alle Führungskräfte heutzutage einen „Personal Trainer" für irgendwas, vermutet Moni. Sie bekommt Ratschläge für Konflikte im Job, für die Optimierung ihrer Ehe mit Jannik, für die Kindererziehung, das Körpergefühl, für die Ernährung, für mehr Achtsamkeit, für eigentlich alles. Und einer dieser Ratschläge lautete „Gehen Sie spazieren und denken Sie an prägende Worte, die Ihr Herz bewegt haben."

Moni fielen zunächst keine ein. „Leitsätze. Kernaussagen, Lebensweisheiten. Was war Ihr Familienmotto, gab es ein ehernes Gesetz? Was hat Sie geprägt, verstehen Sie?"

Hm.

Opa hatte gern Wilhelm Busch zitiert: „Aber wehe, wehe, wenn ich auf das Ende sehe." Papa vergaß nie zu erwähnen, das Leben sei eine Pralinenschachtel und man wisse nie, was man kriegt. Mama pflegte

Monis hochfliegende Teenieträume mit dem Satz „Du wirst dich noch umgucken!" zu beenden. Alles irgendwelche Warnungen. Aber hatte sie das geprägt? Sie, die Optimistin?

Jannik, denkt sie beim langsamen Umrunden des Ententeichs im Stadtpark, Jannik ist ein Pessimist. Der erwartet immer das Schlimmste und bezieht seine Lebenszufriedenheit aus dem schlichten Nichteintreten von Unglück. Obwohl seine Eltern herzlich zuversichtlich sind – „Aufstehen, Krönchen richten, weitergehen", „alles halb so wild", „kriegst du Zitronen, mach Saft draus" und ähnliche Kopf-hoch-Sprüche. Wird man beim Erwachsenwerden das Gegenteil von dem, was einem als Programm mitgegeben wurde?

Ihr fällt auf, dass die meisten Spaziergänger irgendwas machen: Telefonieren, Snacks essen, Nordic-Walking, Blutdruck messen, sich auf Google Maps orten. Moni denkt nur. Geht, guckt und denkt. Ob es programmatische Worte gibt, die erst ihr Herz bewegen und dann die Verhältnisse ändern?

„I have a dream" wäre einer. Oder „Yes we can". Oder „Wir schaffen das".

Komisch, dass Martin Luther King, Barack Obama und Angela Merkel in drei Wörtern ein ganzes politisches Programm definieren konnten. Monis Coach dagegen sondert mehr Sinnsprüche ab, als man im

Postkarten-Drehständer einer Buchhandlung findet. Alle nicht falsch, manche tröstlich, einige sogar richtig weise. Aber „das Herz bewegend"?

Es müsste doch, denkt Moni und biegt vom Stadtparkausgang in ihre Wohnstraße ein, mindestens drei Bibelworte geben, die mal für mich ausgesucht wurden: den Taufspruch, den Konfirmationsspruch und den Vers zu unserer Trauung. Schade, dass ich keinen davon auswendig weiß. Können vielleicht ja richtig herzensprägend werden.

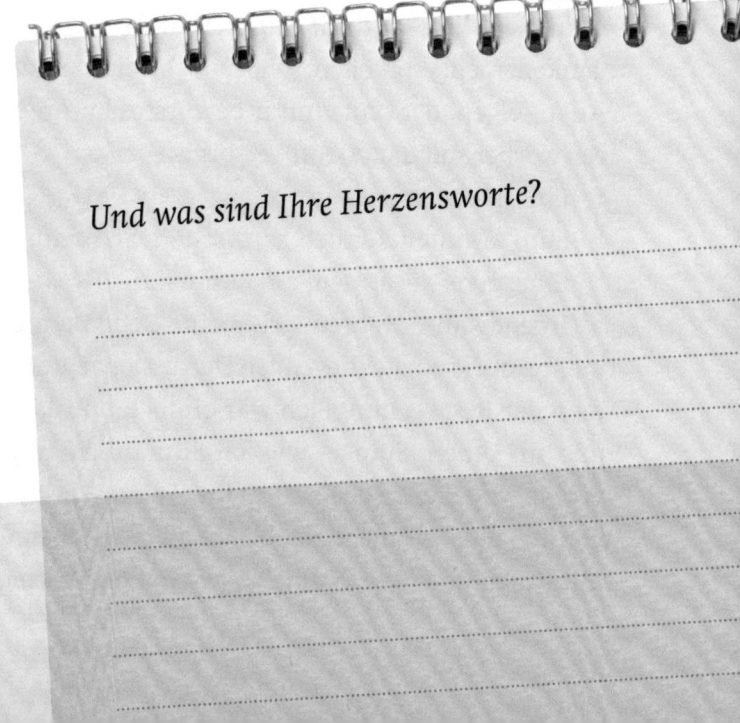

Und was sind Ihre Herzensworte?

Stille – konkret

Beate Hofmann

Kürzlich erlebte ich eine außergewöhnliche Besprechungskultur in einem Unternehmen. Wir hatten viele Meinungen ausgetauscht, einander ausgiebig zugehört und diskutiert. Doch bevor es schlussendlich darum ging, zusammenzufassen und Resultate festzuhalten, bat uns der Sitzungsleiter um eine Zeit der Stille. Er öffnete die Fenster. Wir blieben an unseren Plätzen sitzen. Wer wollte, konnte die Augen schließen. Einfach fünf Minuten nichts tun, nichts denken, nichts sprechen, sondern schweigen und dem Atem folgen, der ohne unser bewusstes Zutun unseren Körper mit Sauerstoff versorgt.

Einatmen. Ausatmen.

Fünf Minuten können ganz schön lang sein.

Einatmen, ausatmen, ankommen.

Irgendwann drehten sich meine Gedanken nicht mehr um die zurückliegenden Diskussionen und Themen der Besprechung. Ich war einfach nur da – am und im Leben. Spürte, wie ich allmählich ruhiger wurde, wie die frische Luft meine Lungen füllte. Bemerkte, dass es eine kleine Pause gibt zwischen dem Ausatmen und dem Bedürfnis, wieder einzuatmen.

Es war nicht peinlich, so still zu sitzen – im Gegenteil. Ich fühlte mich mit den anderen Menschen im Raum verbunden. Von Mensch zu Mensch. Hierarchien und Zuständigkeiten waren nebensächlich. Es entstand ein Wir. Irgendwann ein leiser Klang und ein letztes Mal einatmen, ausatmen, auftauchen.

Was dann geschah, fand ich bemerkenswert. Die Beiträge in der Schlussrunde hatten eine unerwartete Intensität und Behutsamkeit in ihren Formulierungen. Sie brachten neue Impulse und eine Zukunftsperspektive hervor, die unsere vorigen Gespräche bei Weitem übertrafen.

C. Otto Scharmer, Professor am Massachusetts Institute of Technology (MIT, Boston) und einer der innovativsten Entwickler von Führungsmodellen, führt Quantensprünge in unserem Denken auf Präsenz in der Gegenwart und auf geübte, achtsame Wahrnehmung zurück. Der Prozess des „Presencing" (presence und sensing), wie Scharmer es formuliert, setzt Stille und Dabeisein mit ganzem Herzen voraus. Dadurch, so schlussfolgert der Forscher, entsteht tiefe Klarheit, und diese ermöglicht Veränderung.

Niemand würde sagen, Maria habe meditiert, als der Besucherandrang am Wochenbett vorüber war. Es heißt, sie bewegte das Gehörte still in ihrem Herzen. Diese Schlichtheit gefällt mir. Worte im Herzen bewegen klingt einfach. Wir erfahren bei Maria nicht, woher sie diese Fähigkeit hat oder was es dazu braucht, doch wir ahnen, es wird zu einer Kraftquelle für diese Frau werden. Stille Präsenz können wir in unseren Tag in kleinen Portionen einbauen, in Besprechungen praktizieren und vor allem immer wieder üben. Denn dadurch gewinnen wir innere Ruhe, Durchblick und Entscheidungskraft für unsere nächsten Schritte – und das scheint manchen Menschen intuitiv zugänglich zu sein, während andere neueste Forschungsstudien brauchen, um es für sich selbst umzusetzen.

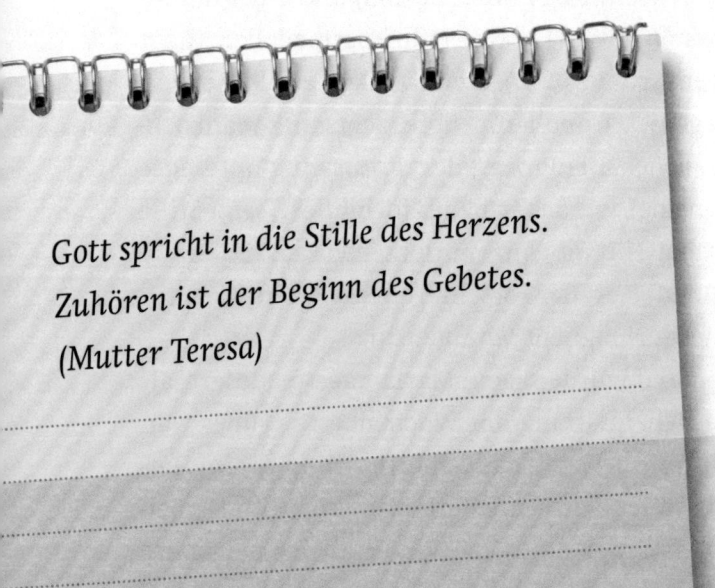

Gott spricht in die Stille des Herzens.
Zuhören ist der Beginn des Gebetes.
(Mutter Teresa)

Coaching-to-go-Tipps für mehr Stille in dieser Woche:

- 1. Gönnen Sie sich jeden Morgen einen Moment der Stille. (So etwas geht auch im Büro, vor der Besprechung oder dem ersten Termin.) Planen Sie nicht, denken Sie nicht, sondern lernen Sie es, Ihre Gedanken ziehen zu lassen, statt ihnen anzuhaften. Wir sind mehr als unsere Gedanken. Beobachten Sie Ihre Atemzüge. Dieser Tag ist einzigartig. Seien Sie achtsam für das, was Ihnen heute begegnen wird.

- 2. Nehmen Sie einmal täglich bewusst den weiten, freien Himmel über sich wahr. So verlassen Sie das Karussell von Gedanken, Sorgen, Planen für einige Minuten. Es macht demütig, sich bewusst zu machen, dass es größere Rhythmen der Natur, der Schöpfung und des Lebens gibt, in die wir eingebunden sind.

- 3. Lassen Sie ein Gespräch oder einen Text im Herzen nachklingen, ohne die Worte zu zerreden, zu wiederholen oder zu diskutieren. Hören Sie mit vollem Herzen hin und lassen Sie das Gehörte langsam setzen. Welche Essenz bleibt? Vielleicht mögen Sie einen einzigen Satz dazu aufschreiben?

#HERZRAUM

Matthias Lemme

In der Weihnachtsgeschichte hat Maria das letzte Wort. Ohne dabei auch nur ein Wort zu sagen. Gott ist ihr gerade in den Schoß gefallen und Engel und Hirten kriegen sich nicht mehr ein. Was ja verständlich ist. Also twittern sie durch die Nacht: #fürchteteuchnicht #großefreude #heiland. Drei Millionen Follower lesen das, was Maria piepegal ist. Sie bewahrt die Worte auf ihre Weise, sie bewegt sie in ihrem Herzen. Stille statt Schnappatmung. Maria hält sich fest an ihrem Gott im Arm und der kleine Gott an ihr. Sie zerreden das Unbegreifliche nicht. Der Mund bleibt zu, das Herz geht auf. Wie schön ist das denn!

Das Gotteskind ist kein Wunderkind und muss nichts beweisen. Es darf in Ruhe groß werden und verwächst sich langsam mit der Welt. Auch Maria wächst hinein in die himmlische Zumutung. #heiland, mein Kind – das begreift ja kein Mensch, zumindest nicht mal eben so.

In der Stille folgt das Herz den Ereignissen – und wird sie irgendwann auch einholen. Die Stille verbindet die entferntesten Ufer, Brücken werden aus Worten gebaut, die lautlos durch die Zeiten schweben. #fürchteteuchnicht, wenn das Kind auf hohe Mauern klettert, wenn jemand Tod und Teufel an die Wand malt. #großefreude, wenn das Wasser wie Wein schmeckt und Mutanfälle Wunder wirken. #heiland, wenn das Herz aufgeht und zum offenen Haus wird.

Bewegte Worte. Bis heute. Bis hierher. Und wenn sie wirken, zärtlich und ohne Beweise, ist Gott erstaunlich groß geworden.

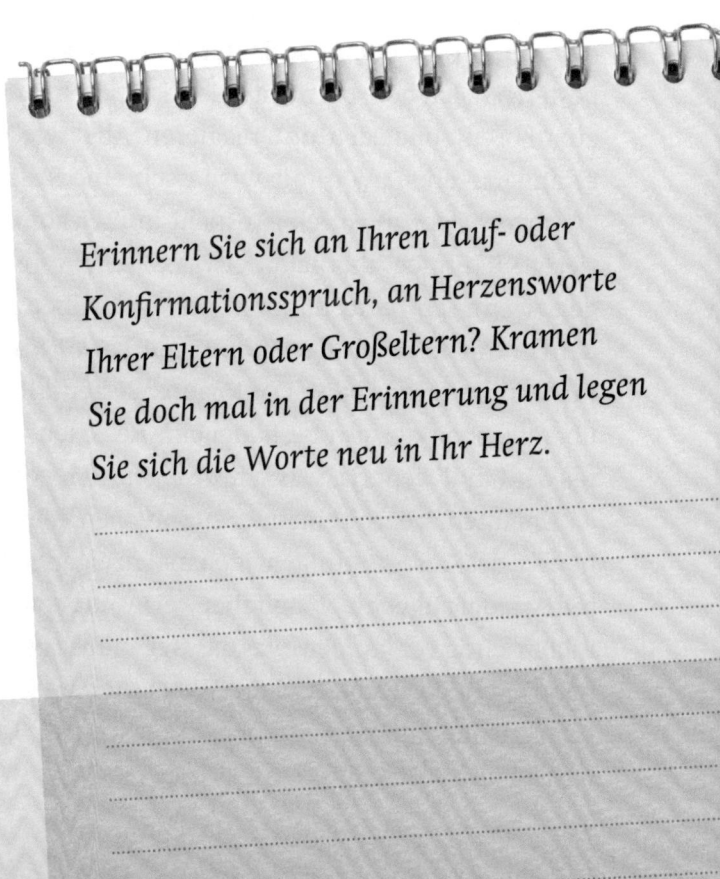

Erinnern Sie sich an Ihren Tauf- oder Konfirmationsspruch, an Herzensworte Ihrer Eltern oder Großeltern? Kramen Sie doch mal in der Erinnerung und legen Sie sich die Worte neu in Ihr Herz.

EINFACH NUR ZUHÖREN

Eva Jung

Vor einiger Zeit begegnete mir der Satz „Most times I listen to talk, rarely I listen to listen". Ich fand ihn auf Anhieb überzeugend. Und vergaß ihn wieder. Leider. Kürzlich fiel er mir erneut in die Hände. Und wieder hat er mich sofort gepackt. Vor meinem inneren Auge sehe ich mich einem Menschen gegenübersitzen, der mir gerade etwas berichtet. Und ich kann nur bestätigen: Ich höre oft nicht zu, um wirklich intensiv zuzuhören, sondern um zu reagieren. Aber wie kann es anders gehen? Von mir wird doch eine Reaktion erwartet? Oder muss ich gar nicht immer kommentieren? Kann ich überhaupt etwas Gescheites beitragen, wenn ich beim Zuhören schon darüber nachdenke, was ich zum Gesagten sagen kann? Einfach mal nur zuhören. Dann Denkpause. Bestenfalls darüber nachdenken, ob überhaupt eine Reaktion erwartet wird und wenn ja, was wurde eigentlich gesagt?

Um intensiver miteinander zu sprechen, könnte es helfen, das Gesagte einfach noch mal in eigenen Worten wiederzugeben. Möglicherweise hat man gar nicht richtig verstanden, was das Gegenüber gemeint hat. Und in der Pause und der Wiederholung könnte schon genug Reflexion und Reaktion stecken. Darin will ich mich üben!

WEITER SO!
Arnd Brummer

„Hat Katrin letzten Sonntag eigentlich am Triathlon teilgenommen?", fragte Martina ihre Kollegin Ingrid. Ingrid zuckte mit den Schultern und den Mundwinkeln. „Ich nehme es mal an", antwortete sie. „Erzählt hat sie nichts. Vor ein paar Tagen wirkte sie ziemlich fertig, wenn sie morgens ins Büro kam. Wahrscheinlich hat sie in allen drei Sportarten heftig trainiert."

Martina war mit Katrin bis vor zwei Jahren Radrennen gefahren. Dann stieg die Kollegin aus und wechselte zum Triathlon. Sie fand es spannender, sich mit Konkurrentinnen neben dem Radeln auch im Laufen und Schwimmen zu messen. Ihre Begründung: „Es ist eine echte Challenge für Körper und Spirit. Üben, üben, üben – immer nur eine Sportart? Das ist etwas für Kleinkinder oder Senioren."

Als Martina ein paar Minuten später Katrin auf dem Flur begegnete, sprach sie die Kollegin natürlich auf den Triathlon an: „Und wie ist's ausgegangen? Spitzenplatz oder weiter hinten?" Stille. Katrin atmete kurz durch, räusperte sich: „Schwierige Frage. Ich habe in den letzten drei Monaten heftig trainiert. Vor allem Schwimmen, weil ich meinte, dort am schlechtesten drauf zu sein. Irrtum! Im Wettbewerb hängten mich die anderen beim Radfahren ab. Am Ende wurde ich unter dreihundert Starterinnen nur Achtundfünfzigste! Was soll ich da erzählen? Zu schlecht, um anzugeben. Zu gut, um sich trösten zulassen." Martina dankte der Kollegin. „Schön, dass du mir das erklärt hast! Lass dich nicht entmutigen, mach weiter so! Kein Stillstand! Üben, üben, üben!"

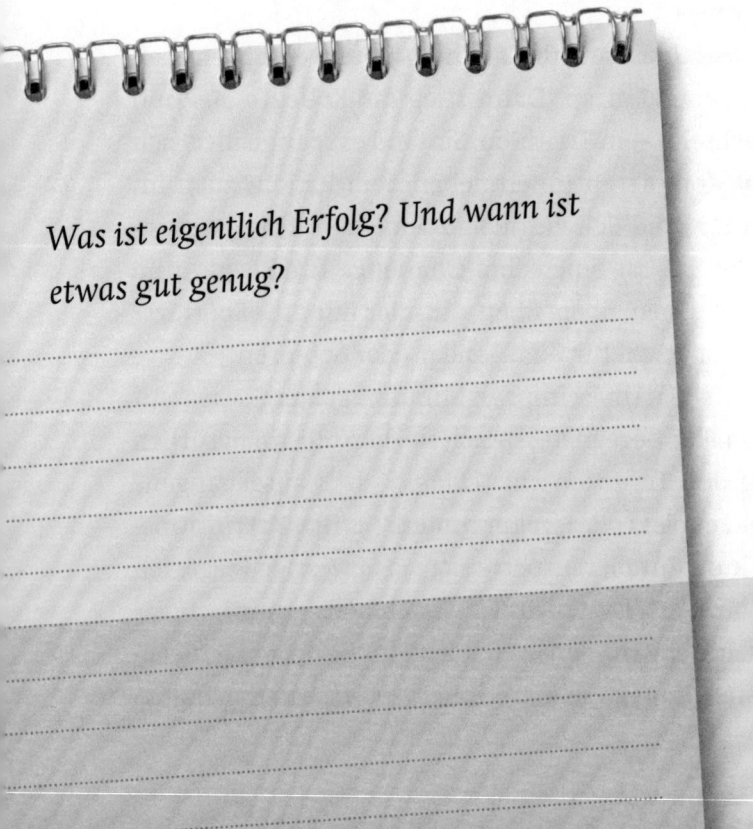

Was ist eigentlich Erfolg? Und wann ist etwas gut genug?

ENGELWORTE
Stefanie Schardien

Endlich ist es still in der Stillen Nacht. Den ganzen Tag über und bis tief in den Abend hinein war an Stille nicht zu denken: viel Lärm auf den Straßen von Bethlehem, als sie mit Josef nach einem Dach über dem Kopf suchte. Das Rufen der Händler, das Schreien der Kinder, die schweren Türen, die gleich wieder ins Schloss fielen, weil niemand mehr ein Bett frei hatte. Später im Stall war den Tieren die Aufregung anzuspüren: unruhiges Schnauben und Hufescharren. Muhen und Blöken. Dann die Geburt: Wehenschmerz muss raus. Als die Hirten kommen, singen und lachen sie, schreien Oh! und Ah! beim Anblick des Miniaturretters. Und die Engel erst:

> **Still war sie nicht, die Stille Nacht.**

ein Flirren und Jubeln am Himmel, überall um sie herum. Still war sie nicht, die Stille Nacht. Aber jetzt kehrt Ruhe ein. Alle sind weitergezogen, abgeflogen, eingeschlafen im Heu. Wie nach einem großen Fest, wenn alle gegangen sind und die Musik ausgeschaltet wird.

Maria schläft noch nicht. Wie die Gastgeberin des großen Festes. Jetzt ist der Trubel vorbei. Zum Aufräumen ist morgen noch Zeit. Maria legt sich ins

Stroh, mit geschlossenen Augen. Auch still, aber hellwach fühlt sie sich. Mit allen Sinnen ist sie auf Empfang für das, was in der Stille lebendig wird. Die Engelworte, die ihr die Hirten verraten haben – in Marias Herzen beginnen sie jetzt widerzuhallen. Langsam beginnt sie die Worte erst zu verstehen. Tönende Lieder in ihr. Von all dem Unglaublichen. Der Retter ist da. Hin und her bewegt sie die Botschaft. Fürchtet euch nicht! Ganz sacht, wie zerbrechliches Porzellan wendet sie die Worte. Dass sie nur nicht verloren gehen. Aber Engelworte sind robuster als gedacht. Maria spürt: Sie nisten sich ein in ihrem Herzen, machen sich wohlig breit. Forever and ever. Nein, in der Zeit, die kommt, hört sie die Worte nicht immer. Der Lärm in den Dörfern, Babygeschrei, fluchende Soldaten – der Alltag bleibt laut. Aber sobald es ruhig wird um sie herum, bewegt sich die Botschaft wieder in ihr. Engelworte brauchen Stille, um zu klingen.

> **Engelworte sind robuster als gedacht.**

Neu
vertrauen

/7

Da sie nun das Mahl gehalten hatten, spricht Jesus zu Simon Petrus: Simon, Sohn des Johannes, liebst du mich mehr, als mich diese lieb haben? Er spricht zu ihm: Ja, Herr, du weißt, dass ich dich lieb habe. Spricht Jesus zu ihm: Weide meine Lämmer!

Spricht er zum zweiten Mal zu ihm: Simon, Sohn des Johannes, hast du mich lieb? Er spricht zu ihm: Ja, Herr, du weißt, dass ich dich lieb habe. Spricht Jesus zu ihm: Weide meine Schafe!

Spricht er zum dritten Mal zu ihm: Simon, Sohn des Johannes, hast du mich lieb? Petrus wurde traurig, weil er zum dritten Mal zu ihm sagte: Hast du mich lieb?, und sprach zu ihm: Herr, du weißt alle Dinge, du weißt, dass ich dich lieb habe. Spricht Jesus zu ihm: Weide meine Schafe!

Wahrlich, wahrlich, ich sage dir: Als du jünger warst, gürtetest du dich selbst und gingst, wo du hinwolltest; wenn du aber alt bist, wirst du deine Hände ausstrecken und ein anderer wird dich gürten und führen, wo du nicht hinwillst. Das sagte er aber, um anzuzeigen, mit welchem Tod er Gott preisen würde. Und als er das gesagt hatte, spricht er zu ihm: Folge mir nach!

Johannes 21,15–19

Neu vertrauen

Susanne Breit-Keßler

BIBLISCHE MINIATUR
ZU JOHANNES 21,15–19

Liebst du mich? Diese Frage, millionenfach gestellt, lockt die unterschiedlichsten Reaktionen hervor. Verliebt, verwundert, angenervt, gelangweilt, irritiert: Du bist mein ganzes Glück! Warum fragst du? Ja natürlich. Das weißt du doch. Weißt du das nicht? Bei dieser Frage gibt es eine Steigerung: Liebst du mich noch? Noch! Da wird es ernst. Noch. Da ist etwas vorgefallen. Entweder viele Jahre der Entfremdung und Langeweile oder ein Treuebruch, ein Verrat.

Jesus fragt dreimal. Das ist so viel wie „noch". Bist du noch mein Freund, mein Jünger? Kann ich nach wie vor auf dich zählen? Die Antwort gibt auch bei dieser Zuspitzung Auskunft. Wahre Liebe und Freundschaft, Erstaunen, Seufzen und leichtes Gähnen oder eben Verwunderung – jede Reaktion erzählt von den Gefühlen, die hinter einer Beziehung stecken. Was will Jesus mit seiner sonst oft belächelten Frage, die er unter Freunden stellt?

Die Apostel waren nach Jesu Tod und Auferstehung als Fischer wieder zurückgekehrt in ihre Heimat. Und eben hatten sie einen tollen Fang gemacht. Fische ohne Ende. Jesus, den sie nicht erkannten, hatte sie aufgefordert, noch einmal hinauszufahren, obwohl sie schon die ganze Nacht vergeblich gefischt hatten. Und wie früher, wenn sie auf ihn hörten, lief alles bestens. Jetzt essen alle gemeinsam. Dreimal fragt Jesus Petrus: „Simon, Sohn des Johannes, hast du mich lieber, als mich diese haben?"

Beim dritten Mal ist Petrus traurig. Aber er weiß es, wie Jesus es weiß: Die Sache mit dem Verrat ist noch nicht geklärt. In der Nacht, als mit Jesus kurzer Prozess gemacht wurde, war Petrus gefragt worden: „Bist du nicht auch einer von den Jüngern dieses Jesus? Sah ich dich nicht bei ihm?" Dreimal leugnet er. Petrus steht nicht unter dem Kreuz, er ist nicht der Erste am leeren Grab. Er glaubt nicht als Erster an die Auferweckung und merkt auch beim Fischfang nicht gleich, was los ist.

Wenn es in einer Beziehung Krisen gibt und das Vertrauen schwindet, muss nachdrücklich Klarheit her. „Hast du mich lieb?" Dreimal bekennt Petrus: „Ja,

Herr, du weißt, dass ich dich lieb habe." Kann man verletzte Liebe heilen, enttäuschte Freundschaft versöhnen? Ja. Das will Jesus übermitteln. Niemand, der liebt, ist felsenhaft-fehlerfrei. Liebst du mich? Diese Frage verlangt ehrliche Antworten. Damit es weitergehen kann – trotz allem, was geschehen ist.

> **Die Sache mit dem Verrat ist noch nicht geklärt.**

Petrus ist ein Mensch, der alles gut machen will und dabei grandios scheitert. Er hat einen enormen Willen und panische Angst. Er gilt als Fels und bröckelt. Nicht nur einmal. Und dem vertraut Jesus? Ja. Petrus wird zum Fels, weil er so, wie er ist, unbedingt zu Jesus gehören und mit ihm leben, für ihn arbeiten möchte. Ein Fels mit Fehlern. Petrus, der Fels, kann anderen Halt und festen Boden geben, weil Jesus unverbrüchlich und felsenfest vertraut. Auch einem wankelmütigen Menschen.

Neu vertrauen – konkret

Beate Hofmann

Was heißt es für dich zu vertrauen? So habe ich spontan einige Freunde gefragt, als ich mich für diesen letzten Impuls der Fastenzeit vorbereitet habe.

Vertrauen? Das ist ein tiefes Ja zum Leben. Es ist ein Anker, der mich hält, in den Untiefen meiner Erfahrungen. Etwas, was mich sicherer macht, was ich aber nicht machen kann. Vertrauen? Das ist ein ständiger Prozess, eine radikale Entscheidung, sich auf das Abenteuer der Wirklichkeit einzulassen.

Mir ist klar geworden, Vertrauen ist ein Balanceakt zwischen Wissen und Nichtwissen. Psychologen definieren es als ein wesentliches Gefühl, das die Grundlage bildet für Harmonie und Verständnis. Damit ermöglicht es tragfähige Beziehungen. Fehlt es, so nehmen Beziehungen, Familien, Netzwerke, ja ganze politische Systeme Schaden und werden brüchig.

Vertrauen können setzt voraus, dass ich selbst tiefe, tragfähige Bindung erleben konnte und dass ich dadurch Sicherheit erfahren habe. Wir sprechen vom Grundvertrauen, was in einem Menschen angelegt sein muss, damit er lebens- und auch beziehungsfähig wird. Vertrauen ist eine bewusste Entscheidung gegen das Misstrauen und es ist eine mutige Antwort auf das Gefühl der Angst, die uns hindert, Neues zu wagen.

Manchmal müssen wir uns vergewissern, ob unser Vertrauen gerechtfertigt ist, ob unsere Erwartung vom Gegenüber überhaupt erwidert werden will. So jedenfalls verstehe ich die dreimalige Nachfrage Jesu. Immerhin ist er zutiefst verraten worden, als Petrus leugnete, ihn zu kennen. Auch wenn dieser Vertrauensbruch unter extremen Bedingungen geschah, er verhindert, dass die beiden dort anknüpfen können, wo sie sich zuvor felsenfest aufeinander verlassen konnten.

Es erinnert mich an eine Erzählung von Verwandten, die durch das Lesen in ihrer Stasi-Akte erfuhren, wie eine Freundin sie bespitzelt und verraten hatte. Das ist bitter. Es fühlt sich an, als ob das Band der Freundschaft in diesem Moment zerrissen wird. Und es wird nie wieder genauso werden wie zuvor. Wer vertraut, macht sich verletzlich, angreifbar. Da zögert man, sich neu zu öffnen.

Was hilft? Die Gefühle in Worte packen und miteinander reden – wieder und wieder. Die losen Enden des zerrissenen Bandes aufnehmen und versuchen, sie wieder zu verknüpfen. So wie Jesus, der Petrus mehrfach fragt, wie es um ihre Beziehung steht, und ihm letztlich einen ganz neuen Weg eröffnet. Oder wie meine Verwandten, die ihr Wissen aus der Akte nicht für sich behielten, sondern die Freunde um ein klärendes Gespräch baten.

Es war keine leichte Entscheidung und es war nicht gleich alles gut, doch dieses Gespräch half, Klarheit zu schaffen und zaghaft wieder aufeinander zuzugehen, in der Hoffnung, dass Vertrauen nachwächst.

Ich selbst verstehe Vertrauen als eine Art spirituelles Rückgrat, eine Kraft, die mich aufrecht hält und zugleich in Bewegung bringt, mich immer neu dem Leben zuzuwenden, egal wie brüchig, herausfordernd oder schön es mir begegnet. Es bleibt uns offensichtlich keine andere Möglichkeit, als dieses Vertrauen täglich neu zu üben und dankbar zu sein für jeden Menschen, der uns sein Vertrauen schenkt.

Als ich die Fastentexte für letztes Jahr schrieb, war gerade ein Buch neu erschienen, was inzwischen zum Bestseller wurde und Millionen Menschen erreicht hat. In „Der Salzpfad" beschreibt Raynor Winn, wie sie und ihr Mann sich entscheiden, einen Küstenpfad wandernd unter die Füße zu nehmen, statt in Resignation und Hoffnungslosigkeit zu versinken. Die beiden haben allen Grund, misstrauisch zu sein. Unverschuldet und durch einen großen Vertrauensbruch wurden sie zu Grenzgängern der Gesellschaft. Umso beeindruckender sind für mich die Sätze, mit denen Raynor schließlich einen Rückblick wagt: „Am Ende verstand ich, was die Obdachlosigkeit für mich getan hatte. Sie hatte mir alle materiellen Dinge genommen und mir nur das nackte Leben gelassen, mich in eine leere Seite in einem noch nicht zu Ende geschriebenen Buch verwandelt. Und sie hatte mich vor die Wahl gestellt, diese Seite entweder leer zu lassen oder der Geschichte eine hoffnungsvolle Wendung zu geben. Ich wählte die Hoffnung."

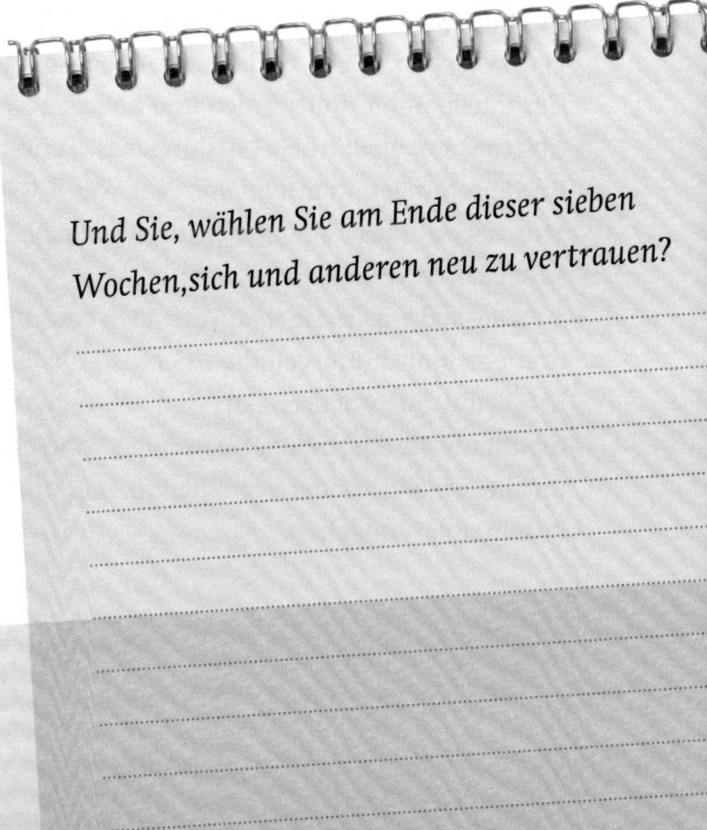

Und Sie, wählen Sie am Ende dieser sieben Wochen, sich und anderen neu zu vertrauen?

Coaching-to-go-Tipps für mehr Vertrauen:
Vertrauen ist eine bewusste Entscheidung. Wollen Sie, dass Ihnen andere Menschen vertrauen, dann können Sie das fördern, indem Sie:

- *aufrichtig zu sich selbst* und zu anderen sind: Versprechen Sie nur, was Sie tatsächlich halten können; schätzen Sie Ihre Möglichkeiten und Fähigkeiten realistisch ein.

- *gesprächsbereit sind:* Offen, wertschätzend und klar miteinander zu sprechen, schafft die Grundlage für vertrauensvolle Beziehungen. Das gilt für Beziehungen zwischen Eltern und Kindern ebenso wie für Gespräche unter Kolleginnen und Kollegen.

- *fehlertolerant sind:* Auch Misslungenes, Fehler und Enttäuschungen kommen vor. Nur wenn wir den Mut haben, diese zuzugeben und anzusprechen, baut sich Vertrauen auf.

- *geduldig und großherzig sind:* Vertrauen baut sich auf und entsteht durch geteilte Erlebnisse. Es ist eine Erfahrung, die wachsen darf und Zeit braucht. Unterstützen Sie das, indem Sie weniger kontrollieren und begrenzen, sondern großherzig, echt und offen miteinander umgehen.

FATAL VER-WHATSAPPT
Andreas Malessa

Männer, die in einem Unternehmen angestellt sind, nennen andere Männer Kollegen. Klar. Man könnte sie einteilen in Vorgesetzte, Untergebene und Ranggleiche, aber so redet man vermutlich nur beim Militär. Daneben oder darunter gibt es Konkurrenten, auch klar, die muss man im Auge behalten. Und Kumpel. Die muss man sich warmhalten. Privat gibt es Bekannte, gute Bekannte, Freunde und gute Freunde. Die sollte man ruhig mal aushalten, also ihnen hin und wieder „einen ausgeben". All das könnte Jannik sagen, wenn er darüber nachdächte. Tut er aber nie.

> **Busenfreundinnen sind selten.**

Egal, von wem er erzählt, beginnen seine Sätze mit „neulich hat 'n Freund von mir ...". Moni ist da vorsichtiger. Als „Freundin", also als echte, wahre, vertrauenswürdige Freundin, bezeichnet sie höchstens zwei Frauen.

Clarisse und Jana. „Dafür gibt's das Wort ‚Busenfreundin'", scherzt sie in entspannten Momenten. Die sind aber selten, weil Moni unentspannt darüber nachdenkt, ob sie selbst, im Umkehrschluss, für Clarisse und Jana auch zu den zwei besten, einzigen, herzensnächsten Freundinnen gehört. Oder nur manch-mal. Nicht unbedingt. Vielleicht gar nicht.

Deshalb war der Vertrauensbruch ja so eine Katas-trophe. Die drei haben eine Whatsapp-Gruppe, klar. Jede von ihnen noch zwei Dutzend andere Chatgrup-pen, auch klar. Aber digital versippt und verschwägert sind sie außer bei Whatsapp auch auf Signal und Tele-gram, befreundet und befollowert bei Instagram und Facebook, rundmailgelistet beim Kirchenchor, beim Sportverein und im Elternbeirat. Wer da alles zu wem gehört und mitliest, gerät leicht in Vergessenheit.

Dass Moni irrtümlich zu lesen bekam, was sie nie lesen sollte, war offensichtlich: Jana schrieb aus der Pilatesgruppe an Clarisse in ihre Wan-dergruppe „Geht ihr zu Monis stink-langweiliger Geburtstagfete? Ich nicht. Schickt mal gute Ausreden!" Clarisse antwortete sofort: „Die kriegt aber gu-te Kuchen gebacken. Nur den Job, die Kindererziehung und den Haushalt nicht." Dahinter ein lachendes Emoji.

So also denken die von mir!

Moni zog es den Boden unter den Füßen weg. Ihr Puls raste. Zornesröte schoss ihr ins Gesicht, fast schwindelig und mit zitternden Knien ließ sie sich aufs Sofa fallen. So also denken die von mir! Dass sie diesen Text erhalten hatte, war ein Tippfehler, ganz sicher. Aber was sollte sie jetzt tun?

Jannik war telefonisch nicht zu sprechen und simste auf Monis Hilferuf zurück: „Sitze grade mit Freunden im Schwanen". Kumpel. Kollegen. Kunden. Männer bei der Happy Hour nach Feierabend, auch klar.

„Die Freundschaft appt etwas ab?", wollte Jannik witzeln, als er heimkam. Riet ihr aber jovial: „Lade die Tratschtanten aus, lösche ihre Kontaktdaten. Wir feiern nur mit den Großeltern oder fahren weg. Lieber ein Ende mit Schrecken als ein …"

„Der Schrecken hat doch kein Ende, Menschens- kind", weinte Moni, „Clarisse hat nächsten Monat Ge- burtstag, Jana im Herbst, ich wollte demnächst zu Pilates, und die Wanderer buchen gerade die Hütten. Man sieht sich immer zwei Mal im Leben!"

In dem Moment klingelte das Telefon. Mit Janas Gesicht und Nummer auf dem Display. Sie sah zer- knirscht aus.

„Geh ran!", sagte Jannik, „ich helf dir." Es klang zwar autoritär, aber auch irgendwie ermutigend.

DER EIGENEN VERTRAUENSWÜRDIGKEIT TRAUEN

Johann Hinrich Claussen

Wie fast alles im Leben ist auch das Vertrauen eine Übungssache. Doch damit ist hier keine simple Trainingsmethode gemeint. Die bloße regelmäßige Wiederholung allein tut es nicht. Denn Einüben heißt hier: es wieder und wieder neu versuchen, auch nach Brüchen, Verletzungen, Enttäuschungen. Vertrauen ist riskant. Wer sich einem anderen anvertraut, liefert sich ihm aus. Das kann belohnt werden oder auch nicht. Was folgt aber aus einem enttäuschten Vertrauen – ein Leben im Misstrauen? Oder ein neues, zögerndes, tastendes, suchendes Vertrauen – eine neue Vertrauensübung?

Der auferstandene Jesus war seinen Jüngern erschienen. Sein Vertrauen in seinen wichtigsten Jünger war enttäuscht worden. Drei Mal hatte Simon Petrus ihn bei seinem Weg zum Kreuz verleugnet und verraten, ihn am Ende ganz allein gelassen. Nun sehen sie sich wieder, sprechen miteinander. Lange wird der Auferstandene nicht bei ihm und den anderen bleiben. Er muss seine Nachfolge klären. Deshalb will er ein neues Vertrauen zu Simon Petrus aufbauen. Aber so einfach geht es nicht. Drei Mal fragt er ihn: „Hast du mich lieb?" So wie der Hahn drei Mal gekräht hatte. Drei Mal antwortet Simon Petrus und wird immer trauriger dabei. Auch er muss wieder lernen, dass ihm vertraut wird, dass er der eigenen Vertrauenswürdigkeit vertrauen kann. Doch dann übernimmt er die Aufgabe, wagt es, dem Vertrauen gerecht zu werden, das ihm geschenkt wird. Und geht los, folgt Jesus nach.

Was hätten passieren müssen, damit Sie Petrus erneut hätten vertrauen können?

GESPRÄCHE UND ZEIT

Volker Jung

Vertrauensbrüche gehören zu den schwierigsten Erfahrungen im Leben. Daran zerbrechen Freundschaften, Partnerschaften und Ehen. Schwierig ist es auch, wenn Menschen nicht mehr vertrauensvoll zusammenarbeiten können, weil Zusagen nicht eingehalten werden oder Vertrauliches weitergegeben wird. Da kann man sich aussprechen und auch über die Enttäuschungen reden. Sich entschuldigen ist wichtig und einander verzeihen. Trotzdem ist es dann nicht so einfach, einander neu zu vertrauen. Oft braucht es Zeit und neue gute Erfahrungen miteinander – meistens immer wieder neue Gespräche.

Neu vertrauen – das kann auch eine große gesellschaftliche Aufgabe sein. „Wir werden uns viel zu verzeihen haben." Das hat Bundesgesundheitsminister Jens Spahn bereits ganz am Anfang der Pandemie gesagt. Er hat vorausgesehen, dass es viele Enttäuschungen geben wird. Es gab keine Blaupause für eine solche Herausforderung. Niemand konnte genau sagen, was zu tun ist. Ihm war klar: Bei allem guten Willen und allen Anstrengungen, werden Fehler und Enttäuschungen unvermeidlich sein. Wie kann es gelingen, neu zu vertrauen? Wann sind Begegnungen wieder unbefangen möglich? Wann können wir uns wieder mit Handschlag begrüßen und umarmen? Im Rückblick wird es nötig sein zu fragen: Was ist schlecht gelaufen und was gut? Es geht vielfach darum, wieder Vertrauen zu gewinnen.

Für manche Menschen ist auch das Vertrauen in Gott erschüttert. Warum hat Gott das zugelassen? Warum hat es so viele Tote gegeben? Warum hat Gott mich in diese Bedrängnis und Not gebracht?

Die Karwoche richtet den Blick auf die letzten Tage im irdischen Leben von Jesus von Nazareth. Petrus leugnet, dass er zu ihm gehört. Als Jesus mit Todesangst kämpft, schlafen die Frauen und Männer, die bei ihm waren. Judas gibt preis, wo Jesus sich aufhält. Jesus wird enttäuscht. Und Jesus enttäuscht seine Gefährtinnen und Gefährten. Er wehrt sich nicht, zeigt keine göttliche Macht. Dass es um etwas anderes geht, wird erst später deutlich, als Jesus auferstanden ist. Neu vertrauen – ist das Thema der Geschichten nach Ostern. Neu vertrauen, dass Jesus auf neue, himmlische Weise nah ist, immer und überall. Und auch der auferstandene Jesus muss offenbar neues Vertrauen gewinnen. Drei Mal fragt er Petrus: Hast du mich lieb? Neu vertrauen braucht Gespräche und Zeit – mit Menschen und mit Gott.

> Jesus wird enttäuscht. Und er enttäuscht andere.

Noch stehe ich auf meinen beiden Füßen, ganz bei mir. So soll es nicht bleiben. Ich will mich verlassen auf dich: Einen Schritt nach vorne, weg davon, auf mir zu bestehen. Fortschritt: Erstmal tatsächlich das Standbein bei mir, mein Spielbein bei dir.

Bei einer Freizeit mit Jugendlichen haben wir Vertrauensübungen gemacht. Einer besteigt einen zehn Meter hohen Baumstumpf, die anderen sichern mit Seilen. Am obersten Ende angekommen, muss man auf den Stumpf steigen, nur von den Beinen getragen, ohne sich mit den Händen halten zu können. Weiter komme ich nur, wenn ich mich auf den Halt der anderen verlasse.

Ich denke an unsere Beziehung: Unser Wir entsteht, je mehr ich mich verlasse auf dich – und du dich auf mich. So üben wir Vertrauen, nicht in einem bewussten Trainingsprogramm, wie beim Baumstumpf, sondern in einem Üben von Herzensschritten. Darin entsteht ein Uns. Darauf verlasse ich mich.

Wie man das üben kann? Wenn ich etwas missverständlich formuliert habe, übe ich, nicht zu befürchten, dass du es falsch verstehen könntest. Ich gehe davon aus: Du liest es im bestmöglichen Sinn. Vertrauen üben: dass du mir nicht plötzlich genommen wirst; dass ein „ich liebe dich" sich nicht ändert, egal ob ich spät zurückrufe, ob ich zunehme, ob du andere tolle Menschen kennenlernst, ob du dich weiterentwickelst oder ich mich verändere. Vertrauen üben: dass unser „Wir" durch die Jahre hin anders wird, sich aber nicht auflöst; dass wir beide mit den Änderungen leben können.

> **„ Unser Wir entsteht, je mehr ich mich auf dich verlasse. "**

Wir sitzen im Zug. Alles voll um uns her, verschwitzt, viele mit Maske auf Halbmast, andere als Kinnschutz. Meine Sorge ist dir ins Herz geschrieben. Wen du siehst, bittest du freundlich und beharrlich: „Könnten Sie bitte Ihre Maske ganz aufziehen?" Ich zucke. Und schäme mich. Meine angeborene innere Stimme piepst: Bloß nicht auffallen. Aus welchem Reptilienhirn auch immer das kommen mag. Ich fange an zu schwitzen. Du willst mich schützen. Und ich schäme mich. Meines fehlenden Muts. Meiner Reaktion. Meiner Scham. Ich atme. Und spüre meine Reaktion. Transpiration: Ich atme hindurch durch das, was in mir aufwallt. Ich atme. Und werde ich an dir.

Vertrauen üben in geistlichen Haltungen: Neugierig will ich entdecken, wie du wahrnimmst, was ich sehe. Wie empfindest du, was ich eindeutig klassifiziere? Wie dunkel ist dein Schwarz? Welche Lichter birgt deine Hoffnung? Aus welchen Quellen kommt dein unbändiger Lebensmut?

Offen will ich üben, nicht vorher zu wissen, was richtig ist. Nicht meine Größe zum Maß deines Wachstums zu nehmen; nicht deine Erfahrung zu messen an meiner, sondern zu hören, zu empfinden, zu suchen, wie das Gleiche bei dir anders ist. Empfangsbereit will ich annehmen, was sich zeigt, und mich einlassen auf dich. Meine Mauern nur so hoch annehmen, dass du mit einem guten Argument oder einem Kuss darüberkommst. In dem Uns, das entsteht zwischen mir und dir, werde auch ich neu – vertrauensvoller, offener, empfangsbereiter. So wie du es in unser Uns einbringst.

Ich fühle mich von dir erfühlt – wenn du fragst, wie es mir geht, wenn du gähnst, weil ich müde bin. Ich fühle mich erfühlt von dir: In deinem Herz ein Ort für mich, in meinem Geist eine Heimat für dich. Und das nicht, weil wir so wunderbar zusammenpassten. Vielmehr, weil wir verbunden sind in einem Uns, das entsteht durch geübtes Vertrauen – ein Ort, an dem ich sicher bin.

INNEN DRIN – DU IMMER NOCH DU

Andrea Schneider

Beim Sortieren von Kinderspielzeug und Kinderbüchern auf dem Dachboden habe ich es kürzlich wiederentdeckt, das Bilderbuch: „Mama, hast du mich lieb?"* In kindlich-einfachen Sätzen und mit prachtvoll-bunten Bildern wird darin erzählt, wie ein kleines Mädchen die Grenzen der Liebe seiner Mutter ausreizt. Die Geschichte spielt in der fremdartigen, unwirtlich-kalten Lebenswelt der Inuit in der Arktis, wurde in fünfzehn Sprachen übersetzt und millionenfach verkauft.

Ich fragte am Telefon meine Tochter, dreißig Jahre alt und bereits selbst Mutter, ob sie sich noch an das Buch erinnert. „Na klar!", so die schnelle Antwort. „Das ist doch die Geschichte von dieser Inuit-Mutter und ihrer frechen kleinen Tochter. Schick's mir gern, könnte es gut gebrauchen für meine Süße ..." Ich musste schmunzeln: Ob sich meine Tochter vielleicht auch an die eine oder andere durchaus lautstarke Situation aus ihrer Kindheit erinnert, in der sie ähnlich provozierend war wie das Mädchen in der Geschichte, ich aber längst nicht so entspannt wie die Mutter?

---

* Barbara M. Joosse: Mama, hast du mich lieb?, Illustrationen von Barbara Lavallee, Deutsch von Mirjam Pressler, Ars Edition München, 1995.

„Liebst du mich?" Ein weit verbreiteter Ratgeber im Internet warnt ausdrücklich davor, diese Frage zu stellen. Sie sei ein Beziehungs-Minenfeld, noch explosiver durch den häufigen Zusatz „noch". Sie würde den Partner oder die Partnerin bedrängen und eine halbherzige Liebeserklärung provozieren. Und sei gerade bei wiederholter Nachfrage – „Das sagst du doch nur so. Meinst du das wirklich?" – bestens geeignet, den oder die andere schnellstmöglich in die Flucht zu schlagen.

Ich blättere in dem Bilderbuch. Da ist das kleine Mädchen, im buntgemusterten Kleid, mit schwarzen Zöpfen, das sich an seine Mutter kuschelt und fragt. Und immer weiter fragt, ob und ob wirklich und wie sehr und wie lange die Mutter es denn lieb hat.

Und da ist die Mutter, auch mit schwarzen Zöpfen, auch traditionell bunt gekleidet, groß und zärtlich, mit ihren Antworten: Hab dich lieber als der Wal seinen Wasserstrahl. Lieb, bis der Umiak, unser Walfangboot, in den Himmel fliegt oder bis die Sterne am Himmel zu Fischen werden. Aber immer weiter fragt das Mädchen: Was, wenn es aus Versehen die kostbaren Schneehuhneier fallen lassen oder mit Absicht einen Lachs in den Parka der Mutter stecken oder frech Wasser in die teure Lampe gießen oder in der Nacht einfach weglaufen und mit den Wölfen singen würde – was dann? Die Mutter – jetzt auch mal streng – weitet immer weiter ihre Liebe: Sie würde sich ärgern, sehr ärgern, sich sorgen, sehr sorgen – aber: ihr Mädchen weiter lieb haben.

Dann die provokative Spitze: „Und wenn ich mich in einen Eisbär verwandeln würde und der böseste Bär wäre, den du je gesehen hast, und wenn ich scharfe, weiße Zähne hätte? Wenn ich dich in dein Zelt jagen würde und wenn du weinst?" „Dann wäre ich sehr überrascht und sehr erschrocken. Aber in dem Bär innen drin wärst du immer noch du, und ich hätte dich lieb ..." Und die Inuit-Mutter wirbelt ihr Inuit-Kind mit Inuit-Stoffpuppe durch die Luft.

„Hast du mich lieb?" Nein, kein Beziehungs-Minenfeld, sondern ein Beziehungs-Teppich, der hüpfen lässt. Denn bei allen Fragen und Frechheiten: „Innen drin – du immer noch du." Grenzenlose Liebe. Vertrauen, auch wenn es hart auf hart geht. Vertrauen, das neu wächst.

Ob so Vertrauen auch wieder wachsen konnte zwischen den Freunden Jesus und Petrus? Nach den großspurigen, aber nicht eingehaltenen Versprechen, nach dem bitteren, verletzenden Verrat, bei diesen verunsichernden Rückfragen jetzt am See: „Innen drin – du immer noch du."

Ich überlege, ob ich meiner Tochter das Bilderbuch wirklich schicke. Vielleicht brauche ich es noch für mich. Und will es selbst mal meinen Enkeln vorlesen.

Autorinnen und Autoren

Hans-Jürgen Abromeit, *Dr., bis 2019 Bischof der Evangelisch-Lutherischen Kirche in Norddeutschland.*

Christian Behr, *Superintendent von Dresden-Mitte.*

Ralf-Uwe Beck, *Theologe, Bürgerrechtler und Autor; leitet die Presse- und Öffentlichkeitsarbeit der Evangelischen Kirche in Mitteldeutschland (EKM).*

Christiane Birgden, *Gemeindepfarrerin in Hürth.*

Susanne Breit-Keßler, *bis 2019 Regionalbischöfin, ständige Vertreterin des Landesbischofs und Oberkirchenrätin im Kirchenkreis München und Oberbayern; Kuratoriumsvorsitzende von „7 Wochen Ohne".*

Arnd Brummer, *Botschafter der Fastenaktion und geschäftsführender Herausgeber des Magazins „chrismon".*

Johann Hinrich Claussen, *Dr., Beauftragter vom Rat der EKD für Kultur und Leiter des Kulturbüros der EKD in Berlin.*

Siegfried Eckert, *Gemeindepfarrer in Bonn und Buchautor.*

Christian Engels, *Pfarrer und Senderbeauftragter im Gemein-schaftswerk der evangelischen Publizistik für das Privatfern-sehen, die Deutsche Welle und und Leiter der filmkulturellen Arbeit der EKD.*

Kirsten Fehrs, *Bischöfin der Evangelisch-Lutherischen Kirche in Norddeutschland.*

Johannes Goldenstein, *Dr., Referent für Gottesdienst und Liturgie im Amtsbereich der VELKD im Kirchenamt der EKD und Geschäftsführer der Liturgischen Konferenz in der EKD.*

Beate Hofmann, *Autorin und Life-Coach, Kursleiterin im TEAM BENEDIKT und Referentin der Evangelischen Frauen in Württemberg (www.beatehofmann.de).*

Eva Jung, *Kommunikationsdesignerin und Autorin (www.gobasil.com).*

Volker Jung, *Dr., Kirchenpräsident der Evangelischen Kirche in Hessen und Nassau (EKHN).*

Margot Käßmann, *Dr., Pfarrerin und Autorin, u. a. ehemals Ratsvorsitzende der EKD und „Botschafterin für das Reformationsjubiläum 2017" der EKD.*

Henning Kiene, *Pastor in Ahlbeck und Zirchow auf Usedom und Mitglied im Kuratorium „7 Wochen Ohne".*

Friedrich Kramer, *Landesbischof der Evangelischen Kirche in Mitteldeutschland (EKM).*

Matthias Lemme, *Pastor in Hamburg-Ottensen.*

Christine Lungershausen, *Dr., Gemeindepfarrerin in Eschborn.*

Andreas Malessa, *Hörfunkjournalist, evangelisch-freikirchlicher Theologe, Autor von Sachbüchern, Biografien und Satiren, Referent und Moderator (www.andreas-malessa.de).*

Christian Nürnberger, *freier Autor und Publizist.*

Tobias Petzoldt, *Kabarettist, Musiker, Autor und Geschäftsführer des Verbandes Evangelischer Diakonen-, Diakoninnen- und Diakonatsgemeinschaften in Deutschland.*

Stefanie Schardien, *Dr., Pfarrerin in Fürth, Mitglied der Präsidialversammlung des Deutschen Evangelischen Kirchentages und Sprecherin der ARD-Sendung „Wort zum Sonntag".*

Andrea Schneider, *Pastorin, bis 2020 Rundfunkbeauftragte der Evangelischen Freikirchen.*

Petra Schulze, *Landespfarrerin, Evangelische Rundfunkbeauftragte beim WDR, Leiterin des Evangelischen Rundfunkreferates NRW und Autorin.*

Ramón Seliger, *Pfarrer an der Stadtkirche St. Peter und Paul (Herderkirche) Weimar und Pfarrer für diakonische Aufgaben im Kirchenkreis Weimar.*

Karl Weber, *Pfarrer in Sondershausen.*